Vivir del forex

Juan Torres Mari

© BN Publishing
Fax: 1 (815)6428329
Contact Us: info@bnpublishing.net
www.bnpublishing.net
Diseño y diagramación: Karen Suess
Diseño Portada: J.N.

Indice

Prologo

Existen algunas aficiones que para formarse necesitan toda una vida yo desde muy pequeño ya me dedicaba a coleccionar monedas de diferentes divisas como valiosos cromos, pues tenia la suerte de vivir en una isla turística donde el cambio de divisa extranjera era muy frecuente.

Mi madre me traía gran cantidad de diversas monedas extranjeras que yo coleccionaba y clasificaba, poco a poco fui observando como el precio de estas divisas variaba constantemente respecto a la antigua peseta española y que podía ganar algo de dinero aprovechando el momento oportuno de cambiar mis pequeños tesoros.

Pero la comisión que ofrecían las casas de cambio se comían mayoritariamente el beneficio que podía obtener con los intercambios de las monedas que yo coleccionaba. Sabiendo que no contaba con el capital suficiente i que las comisiones que me aplicaban las casas de cambio eran abusivas, entendía que si esto cambiara podría llegar a algún día donde ganar dinero con esos cambios de divisas seria factible.

Hoy en día gracias a Internet y a los avances tecnológicos es mucho más fácil acceder al mercado de divisas y poder ejecutar operaciones de cambio sin comisiones y con un alto volumen. El antiguo sueño de pequeño de cambiar monedas para ganar dinero se ha convertido en transacciones electrónicas inmediatas a través de sistemas informáticos y encontrar situaciones para ganar dinero con las divisas en tarea relativamente fácil. Este gran paso que ha efectuado el mercado de divisas ha propiciado que personas como usted quieran aprender mas para aprovecharse de este suculento mercado.

El tiempo me ha brindado las facilidades y la suerte para sumergirme de lleno en un mercado que he visto prosperar y crecer, viéndolo desde multitud de puntos de vista. Recomendando y asesorando a brokers desde sus inicios, siguiendo las progresiones de grandes traders y viendo miles de operadores invertir desde su primera cuenta demostración hasta convertirse en ludopatas de la inversión en divisas.

Existe la creencia errónea entre el publico en general de que para ganar dinero en el mercado de divisas usted tiene que tener unos avanzados conocimientos económicos o ser un diplomado en economía. Hoy en día con unos conocimientos comos los que le ayudare a encontrar en este libro le ayudaran sobradamente a entender este lucrativo mercado y a empezar a realizar sus primeras operaciones con éxito.

En este manual he recopilado la informacion básica para entender y sumergirse con garantías en un mercado bastante desconocido para el publico hispano hablante en general pero que cuenta cada día con mas adeptos.

Posiblemente usted tenga en sus manos las claves que ayuden a encontrarse con el éxito, para que invertir en divisas deje de ser un juego y se convierta también para usted en una forma de vivir.

Tema 1 Introducción

1.1 Introducción al mercado de divisas

El Mercado de Divisas, también conocido con el nombre de mercado "Forex" o "FX" siglas que provienen del ingles (Foreign Exchange Market), es actualmente el mercado financiero más grande y líquido del mundo, con una facturación promedio diaria de aproximadamente US$ 4 trillones de dolares contra solamente $25 billones por día negociados en la bolsa de Nueva York., lo que deja al mercado de valores en un segundo lugar. El elevado volumen que se maneja en el mercado forex es ventajoso desde el punto de vista del inversor porque las transacciones pueden ejecutarse mas rápidamente y con un bajo coste en las transacciones en cada operación podemos disfrutar así de un un reducido spread (bid/ask).

Para ponerlo en una forma sencilla, Forex es la compra simultánea de una divisa y la venta de otra. Las divisas mundiales se cotizan a tasas de cambio flotantes y siempre se comercian en pares, por ejemplo EUR/USD (Euro/Dólar) o USD/YEN (Dólar/Yen).

El mercado Forex alcanzó su forma actual en 1971, luego de que dejaran de funcionar los cambios de divisa a tasa fija. Este mercado opera actualmente las 24 hs, cinco días por semana.

El mercado Forex es un mercado internacional para comprar y vender divisas e involucra grandes organizaciones como compañías comerciales, bancos centrales y inversores más pequeños como agencias de corredores y corredores individuales. El mercado de divisas es un mercado descentralizado y no opera desde una ubicación fija, aunque hay centros muy importantes alrededor del mundo en ciudades como New York, Londres, Tokio y Francfort, pero se trata más bien de un mercado que opera por teléfono o sobre Internet.

Antes de la aparición de Internet, únicamente las empresas y personas adineradas podían realizar inversiones en divisas a través de sistemas privados de intercambio de divisas de los bancos. Estos sistemas requerían un mínimo como 1 millón de dólares para abrir una cuenta. Hoy en día, gracias a los avances en tecnología online, los inversionistas que poseen tan sólo unos pocos miles de dólares pueden acceder al mercado del forex las 24 horas del día en tiempo real.

La compra y la venta de divisas constituye un elemento clave de apoyo al comercio mundial y como las divisas importantes se mueven unas contra otras, hay y continuará habiendo oportunidades de hacer dinero con las transacciones monetarias. Aunque los jugadores importantes en el mercado compran y venden divisas en acuerdos de millones de dólares, los jugadores más pequeños también tienen cabida en este mercado.

Con estos antecedentes, usted verá que prácticamente cualquier persona tiene la oportunidad de ingresar en este mercado, con un poco de dinero para invertir, practica y tiempo para aprender cómo operar en los mercados cambiarios, es posible disfrutar de un muy buen ingreso comerciando divisas online.

El Mercado de divisas Forex es un Mercado técnico y lleva tiempo aprender los principios básicos y desarrollar las habilidades necesarias para utilizar alguna de las herramientas disponibles como el análisis técnico y el llamado fundamental. Sin embargo, no es necesario llegar a ser un experto para obtener ganancias con estas operaciones. Con tiempo y esfuerzo es bastante sencillo adquirir la suficiente comprensión del sistema como para hacer dinero comerciando divisas online.

Para muchas personas, Internet es un punto de partida para aprender y empezar la comercialización de divisas. Esperamos que esta primera introducción haya servido para despertar su curiosidad y ponemos a su disposición la posibilidad de aprender a operar en Forex sin arriesgar su inversión

1.2 Historia del forex

En 1967, un banco de Chicago no le concedió a un maestro universitario llamado Milton Friedman (premio Nobel de economía en 1976), un préstamo en libras esterlinas porque tenía intenciones de utilizar los fondos para producir escasez de la moneda inglesa.

Friedman, quien se había dado cuenta de que la libra esterlina tenía un precio demasiado alto en comparación con el dólar, quería vender la moneda y luego, después de que el precio de la moneda disminuyera, volver a comprarla para reembolsar al banco, quedándose de este modo con una rápida ganancia. La negativa del banco a otorgar el préstamo se debió al Convenio de Bretton Woods, establecido veinte años antes, el cual fijaba el precio de las monedas nacionales respecto del dólar, y establecía el dólar a una tasa de $35 por onza de oro.

El Convenio de Bretton Woods, establecido en 1944, tenía como objetivo instalar una estabilidad monetaria internacional al evitar la fuga de dinero entre naciones, y restringir la especulación en las monedas del mundo. Antes del Convenio, el patrón cambio oro -que prevaleció entre 1876 y la Primera Guerra Mundial- dominaba el sistema económico internacional. Bajo el sistema cambio oro, las monedas ganaban una nueva fase de estabilidad dado que estaban respaldadas por el precio del oro. Esto abolía la antiquísima práctica utilizada por reyes y gobernantes de rebajar arbitrariamente el valor del dinero y provocar inflación.

Pero al patrón cambio oro no le faltaron fallas. A medida que la economía se fortalecía, ésta importaba demasiado del exterior hasta agotar sus reservas de oro requeridas para respaldar su dinero. Como resultado, la masa monetaria se reducía, las tasas de interés se elevaban y la actividad económica disminuía al punto de llegar a la recesión. A la larga, los precios de las mercaderías habían llegado a su punto más bajo, siendo atractivos para otras naciones, que se precipitaban a comprar en forma desmedida, lo que inyectaba a la economía con oro hasta que ésta aumentara su masa monetaria, bajara las tasas de interés y se volviera a crear riqueza en la economía. Estos patrones auge-caída prevalecieron durante el período del patrón oro hasta que el inicio de la Primera Guerra Mundial interrumpió los flujos de comercio y el libre movimiento del oro.

Una vez finalizadas las Guerras, se celebró el Convenio de Bretton Woods, en el cual los países participantes acordaron intentar y mantener el valor de sus monedas con un margen estrecho en comparación con el dólar, y una tasa de oro correspondiente, según fuera necesaria. Se les prohibió a los países devaluar sus monedas en beneficio de su comercio y sólo se les permitió hacerlo en el caso de devaluaciones de menos del 10%. En la década del 50, el volumen del comercio internacional en constante expansión produjo movimientos masivos de capital generados por la construcción posterior a la guerra, Esto desestabilizó los tipos de cambio como se los había establecido en Bretton Woods.

El Convenio fue finalmente abandonado en 1971, y el dólar estadounidense ya no sería convertible en oro. Para el año 1973, las monedas de las naciones industrializadas más importantes comenzaron a flotar con más libertad, controladas principalmente por las fuerzas de la oferta y la demanda que actuaban en el mercado cambiario. Los precios se fijaban diariamente a un tipo de cambio libre, con un aumento de los volúmenes, la velocidad y la volatilidad de los mismos durante la década del 70, dando lugar a los nuevos instrumentos financieros, la desregulación del mercado y la liberalización del comercio.

En la década del 80, la circulación de capital a través de las fronteras se aceleró con la llegada de los ordenadores y la tecnología, extendiendo la continuidad del mercado a través de las zonas horarias de Asia, Europa y América. Las transacciones en divisas se dispararon desde alrededor de $70 mil millones por día a mediados de los 80, a los 4 trillones de dólares diarios negociados actualmente.

1.3 La explosión del Euromercado

Un catalizador muy importante para la aceleración de las operaciones de cambio fue el rápido desarrollo del Mercado del Eurodólar; en el cual los dólares estadounidenses se depositan en bancos fuera de los Estados Unidos. De manera similar, los Euromercados son aquellos en los que los activos se depositan en una moneda distinta de la moneda de origen.

El EuroMercado surgió por primera vez en la década del 50, cuando los ingresos de Rusia por ventas de petróleo -todos en dólares- fueron depositados fuera de los Estados Unidos ante el temor de que fueran congelados por las autoridades de regulación de los Estados Unidos. Eso originó un vasto pool de dólares proveniente del exterior, fuera del control de las autoridades de los Estados Unidos. El gobierno de los Estados Unidos impuso leyes para restringir los préstamos en dólares a los extranjeros. Los Euromercados eran particularmente atractivos debido a que tenían muchas menos regulaciones y ofrecían rendimientos más altos. Desde fines de los 80 en adelante, las empresas de los Estados Unidos comenzaron a pedir préstamos en el exterior, encontrando en los Euromercados un centro beneficioso donde mantener la liquidez excesiva, proporcionar préstamos a corto plazo y financiar exportaciones e importaciones.

Londres fue, y continúa siendo, el principal mercado off Shore. En la década del 80, se convirtió en el centro clave en el Mercado del Eurodólar cuando los bancos británicos comenzaron a otorgar préstamos en dólares como una alternativa a las libras, para mantener su posición de liderazgo en las finanzas mundiales.

La estratégica ubicación geográfica de Londres (entre America y Asia) le ofrece la posibilidad de invertir tanto en horario de los mercados americanos como de los asiáticos lo fue clave para su desarrollo y continua siendo una ventaja significativa para la preservación y dominio del Euromercado. Aunque actualmente la facilidad de operar por Internet ha descentralizado bástate esta ocupación dejando a Londres como una importante ciudad financiera internacional.

1.4 Ventajas del forex sobre la compra venta de acciones.

Invertir en el mercado de divisas ofrece grandes ventajas con respecto a la compra venta de acciones y futuros. A continuación enumeramos algunas de las ventajas mas significativas del mercado forex:

Funcionamiento las 24 horas del día

El mercado Forex es un mercado ininterrumpido disponible las 24 horas al día, abierto los domingos a las 14:00 hora de Nueva York hasta los viernes a las 16:00 hora de Nueva York. Al tener la capacidad de operar durante los horarios de mercado de EE.UU., Ásia y Europa, los operadores poseen la ventaja invertir en cualquier franja horaria la cual les sea mas propicia asi como de reaccionar inmediatamente a las noticias del mercado y determinar sus propios horarios de operación.

Mayor liquidez

Con un volumen de operaciones diario 50 veces mayor al volumen negociado en la Bolsa de Nueva York, siempre hay corredores y "dealers" (agentes) dispuestos a comprar o vender divisas en los mercados forex. La liquidez del mercado cambiario, especialmente del mercado de las principales divisas, ayuda a garantizar una estabilidad de precios. Los operadores pueden casi siempre abrir o cerrar una posición a un precio de mercado equitativo. Esto representa una gran ventaja del mercado de divisas.

Apalancamiento del mercado forex

Los dialers del mercado forex online le ofrecen unos altos apalancamientos que suelen variar entre 400:1 y 100 a 1, lo que supera ampliamente al típico margen de 2:1 que ofrecen los corredores de bolsa y al margen de 15:1 del mercado de futuros. Con un apalancamiento de 100:1, los operadores depositan un margen de $1000 para una posición de $100,0000, o 1%.

Costos de transacción bajos

Operar e invertir en el mercado de divisas en mucho más eficiente en cuanto a costos que en la compra de acciones. La mayoría de brokers nos ofrecen la posibilidad de invertir en divisas sin comisiones aplicándonos solo una pequeña diferencia en el Spread.

Igual potencial de ganancias tanto en mercados alcistas como bajistas

En toda posición forex abierta, un inversionista tiene una posición larga en una divisa y corta en otra. Una posición corta es aquella en la que el operador vende divisas antes de que ésta se deprecie. En este caso, el inversionista se beneficia de una caída del precio del mercado.

Poder invertir en divisas sin ningún tipo de restricción (al alza o la caída de cotización) y obtener beneficio en cualquiera de los casos es una de las ventajas mas importantes del mercado forex ya que usted siempre podrá ganar dinero sabiendo si su divisa subirá o bajara.

Mínimo capital de riesgo

La posibilidad de abrir una cuenta demo para practicar junto con la facilidad que nos ofrecen muchos brokers de operar desde 100 $ (incluso alguno desde menos) operando con mini lotes de divisas, representa un mínimo capital de riesgo para iniciarse en el mercado forex

Invertir desde cualquier lugar

Gracias a Internet actualmente podemos invertir en cualquier luga en tiempo real en divisas .Aunque es una ventaja que actualmente comparte con el mundo de las acciones es una importante ventaja que conviene tener en cuenta.

Tema 2: Conceptos básicos

2.1 Que es un broker ?

Un broker (corredor o agente en español) es el intermediario entre el comprador y el vendedor, en el forex un broker es el intermediario entre el mercado y la persona que quiere invertir. Este se dedica a ejecutar las órdenes de compra o venta a cambio de una comisión o "spread".

Para iniciarse en el mercado del forex antes debe de abrir una cuenta con un broker para poder operar, al igual como si uste deseara abrir una cuenta de ahorros lo debería de hacer con un banco o caja.

Un broker online se asemeja al broker tradicional ya que permite la compra/venta de valores bursátiles y otros tipos de productos de inversión, y la principal diferencia radica en el uso de la Web como mecanismo para facilitar la interacción con sus clientes.

A la hora elegir su broker debe tener en cuenta diversos factores:

Dependiendo de el dinero que deseemos empezar a invertir debemos tener en cuenta el capital mínimo que necesitamos para invertir en broker el y lote mínimo que necesitamos negociar, existen brokers que nos ofrecen cuentas desde 100 $ pero que nos obligan a abrir una posición minima de 5000 $ lo cual nos obliga a apalancar mucho nuestras operaciones con lo que al cabo del tiempo acabaremos perdiendo nuestra inversión rápidamente. No recomiendo abrir en ningún caso una cuenta en un broker en el cual la relación de nuestro capital invertido y el lote mínimo exigido para operar supere el apalancamiento de 1:5

Debemos tener en cuenta las referencias que tengamos del broker y si este esta regulado por alguna importante entidad reguladora que asegure la buena inversión de nuestros fondos y la ejecución de las ordenes solicitadas así como conseguir retirar nuestro dinero y beneficios sin problemas.

Tenemos que contar mucho con la asistencia que nos ofrece si tienen asistencia 24 horas, en que idiomas y si nos ofrecen servicios alternativos como análisis, señales, noticias...

2.2 Los creadores de mercado

Para el crecimiento del mercado de divisas y la expansión de este entre los pequeños inversores ha sido muy importante la aparición de los Market Makers, brokers dedicados a ejecutarnos las operaciones. Existen básicamente 2 tipos de brokers:

1.- Los Creadores de Mercado (Market Makers)

Los Market Makers o creadores de mercado son los broker que mas han proliferado en los últimos años y los cuales han ayudado al forex a dar un gran salto al dar entrada en este mercado a los pequeños inversores.

Los Market Makers cuentan normalmente con plataformas de alta tecnología y suelen buscar una contrapartida entre sus clientes, es decir si un cliente esta comprando un lote (100.000) intentan intercambiar la operación con otro de sus clientes que este vendiendo otro lote.

Estos broker cuentan con las llamadas piscinas de liquidez (liquidity pools), unos fondos destinados a compensar la carencia de una contrapartida entre sus clientes.

Estos brokers suelen ofrecer unas comisiones fijas a sus clientes sobre el Spreads, lo cual garantiza la comisión fija al cliente pero que le niega un total transparencia en momentos de alta especulación como en los instantes de publicación de un determinado evento, instantes en los que la alta volatilidad diferencia los valores de compra y venta de mucha a mas distancia de la que ofrece el susodicho broker pudiéndonos negar la operación o comunicarnos que no se a ejecutado al no haber una contrapartida.

2. - Sin Mesa de Operación (Non Dealing Desk)

Los Non Dealing Desk se diferencia en que no ofrecen comisiones fija y estas comisiones se aplicaran según las condiciones del mercado. Las comisiones pueden multiplicarse ampliamente en momentos de alta especulación como en los momentos de comunicación de importantes noticias económicas.

Estos brokers ofrecen una comisión menor en momentos de baja volatilidad en el mercado pero como desventaja destaca la de necesitar montos mayores para la apertura de cuentas con ellos y la de no poder ofrecer siempre la garantía de ejecución de una orden al precio deseado.

2.3 Cómo interpretar los precios de las divisas

Antes de operar en el mercado de divisas, el inversionista debe comprender la terminología básica del mercado forex, inclusive saber cómo interpretar las cotizaciones del mercado forex. En toda transacción del mercado fx, un inversionista realiza una compra y venta simultánea de dos divisas. Estas dos divisas conforman el par de divisas. A continuación, aparece un ejemplo de un tipo de cambio del dólar con respecto al yen:

USD/JPY = 119.72

Divisas base/contraparte

La divisa que aparece a la izquierda de la barra ("/") se denomina divisa base (en este ejemplo, el dólar estadounidense) y la divisa que aparece a la derecha de la barra se la conoce como su "contraparte" (en este ejemplo, el yen japonés). Esto significa que 1 unidad de la divisa base (es decir, un dólar) vale 119.72 yenes japoneses. Si Ud. quiere comprar, el tipo de cambio especifica cuántas unidades de la divisa contraparte Ud. deberá pagar para comprar una unidad de la divisa base. Teniendo en cuenta el ejemplo de arriba, Ud. deberá pagar 119.72 yenes japoneses para comprar 1 dólar estadounidense. Ahora bien, si Ud. quiere vender, el tipo de cambio especifica cuántas unidades de la divisa contraparte Ud. recibirá por vender una unidad de la divisa base. Según el ejemplo, Ud. recibirá 119.72 yenes japoneses al vender un dólar.

A pesar de haber muchas divisas a lo largo del mundo, el 82% de todas las operaciones diarias involucran la compra venta de un grupo denominado los principales pares de divisas (en inglés, majors). Están divisas son el dólar estadounidense, el yen japonés, el euro, la libra británica, el franco suizo, el dólar canadiense y el dólar australiano.

Los cuatro pares de divisas más negociados son:
- Dólar estadounidense / Yen japonés (USD/JPY)
- Euro / Dólar estadounidense (EUR/USD)
- Libra esterlina / Dólar estadounidense (GBP/USD)
- Dolar estadounidense / Franco suizo (USD/CHF)
- Dólar estadounidense / Dólar canadiense (USD/CAD)
- Dólar australiano / Dólar estadounidense (AUD/USD)

Para los operadores, las mejores oportunidades de negocios son aquellas relacionadas con las divisas negociadas con mayor frecuencia (y, por ende, más líquidas); es decir, las divisas "Principales" (Major currencies).

2.4 Como se presentan los pares de divisas

Las normas para la representación de los pares de divisas fueron creadas por primera vez en 1999 por el Banco Central Europeo.

En dicha normativa aprobada por el Banco Central Europeo se atribuia prioridad al euro como moneda base respecto al resto de divisas. Por lo tanto todos los pares de divisas que inplicaran en alguno de sus dos denominadores al euro , este seria siempre la divisa base y la segunda su contraparte.

Por ejemplo el Dólar Americano y su tasa de cambio con el Euro se representara siempre mostrando el euro primero como moneda base y al dólar después como contraparte.

EUR/USD

Aunque no exista ninguna organización que haya establecido el orden o prioridad de la divisa base el orden normalmente establecido en las principales divisas es el siguiente:

1 Euros
2 Libras Esterlinas
3 Dólar Australiano
4 Dólares Nueva zelandeses
5 Dólares Americanos
6 Franco Suizos
7 Yen Japonés

Históricamente, esta clasificación fue creada de acuerdo a los valores relativos de las monedas con respecto a la otras, pero la introducción del euro y otros factores del mercado han roto las clasificaciones precio original.

Los cambios de divisas aplicados con divisas menores son aplicados generalmente contra los Majors o divisas más importantes las cuales serán mayoritariamente descrita como la divisa base en la representacion.

2.5 Calculo del valor de un pip

La diferencia de precio en la cotización de un par de divisas se mide en pips. Un pip es la minima variación de precio posible en la cotización de un par de divisas.

Por ejemplo en el par euro dólar (EUR/USD) a una cotización 1.3462 lo que significaría que un euro vale 1.3462 dólares una variación de su minima expresión o pip seria incrementar o disminuir su valor en 0.0001 por lo que pasaría a cotizar a 1.3463 si hubiera incrementado su valor en 1 pip y a 1.3461 si su valor hubiera disminuido 1 pip.

Aunque 1 pip parece una pequeña cantidad de dinero inapreciable al ser en el par EUR/USD solo una milésima parte de su valor (0.0001), en las operaciones financieras en divisas el valor de 1 pip dependerá siempre del volumen o cantidad de dinero con la que operemos.

Las operaciones en el mercado de divisas suelen tener muchas veces un alto volumen al utilizar un alto apalancamiento por lo tanto cuando mayor sea el volumen en el que operemos cada variación de 1 pip en la cotización nos puede representar beneficios o perdidas que debemos conocer.

En la operación anterior comprando el EUR/USD a 1.3462 y disponiendo en nuestra cartera de inversión 1000 $ con los cuales realizamos gracias al apalancamiento una operación por valor de 10.000 $ un incremento del valor de tan solo 1 pip a 1.3463 nos representaría un beneficio de 1 $, contando que disponíamos de 1000 $ pasaríamos a tener 1001 $ un 0.001 % de beneficio en tan solo unos pocos segundo.

Tal como veremos en temas mas adelante el par EUR/USD se mueve una media de 75 pips diarios lo que en la operación anterior equivaldría a 0.001 *75 = 0.075 a un margen de beneficio/perdida de 7,5 % diario, razón por la que este mercado es tan lucrativo y es importante conocer el valor de un pip respecto al volumen en el que operemos.

Volumen de la posición abierta	Cálculo	Precio del pip
100.000 EUR	100.000*0.0001	10 USD
10.000 EUR	10.000*0.0001	1 USD
1.000 EUR	1.000*0.0001	0.1 USD
100 EUR	100*0.0001	0.01 USD

2.6 Principios Básicos sobre la compra venta de Divisas

Toda compra venta de divisas implica comprar una moneda y vender otra en forma simultanea. Las cotizaciones de divisas son presentadas como tasas de cambio; es decir, el valor de una moneda en relación a otra. La oferta y la demanda relativa de ambas monedas determinarán el valor de la tasa de cambio.

Cuando un operador de divisas realiza una operación, desea que el valor de la divisa comprada se aprecie frente a la divisa vendida. Su habilidad para determinar cómo se modificará una tasa de cambio, determinará su ganancia o pérdida en una operación. Hagamos un ejemplo con la cotización de una divisa obtenida por el sistema de compra venta de divisas (forex).

Tomando de ejemplo un precio de la oferta y la demanda actual de EUR/USD (Euro/Dólar) es de 1.0126, es decir, usted puede comprar 1 euro por 1.0126 dólares.

Imagínese que usted piensa que el euro se encuentra depreciado frente al dólar. Para realizar esta estrategia, usted compra Euros (simultáneamente vende dólares) y luego espera hasta que la tasa de cambio suba.

Entonces realiza la operación: compra 100,000 EUROS (1 lote) y vende 101,260 dólares.

Como usted esperaba, el EUR/USD sube a 1.0236. Como compró Euros y vendió Dólares en su operación anterior, ahora debe vender Euros por Dólares para obtener una ganancia. Ahora puede vender 1 EURO por 1.0236 Dólares. Cuando venda los 100,000 Euros a la tasa actual de EUR/USD 1.0236, recibirá US$102,360.

Como usted en un principio vendió (pagó) 101,260 US$, su ganancia es de US$ 1100.

Ganancia total = US$ $1100.00

2.7 Bid y ask

Al operar en el mercado forex las divisas se compran y se venden a diferente precio, las divisas se compran al precio ASK y se venden al precio BID, dicha diferencia de precio es el margen con el que trabaja el broker o Spread.

Symbol	Bid	Ask	High	Low
EURUSD	1,4608	1,4611	1,4614	1,4566
GBPUSD	1,6351	1,6354	1,6356	1,6327
USDCHF	0,8344	0,8347	0,8364	0,8345

En la imagen anterior podemos ver que entre el precio BID y el ASK del EUR/USD existe una variación de 3 pip (1.4611-1.4608=0.0003), ese margen es en este caso el Spread que nos aplica el broker y ganancia la cual debemos superar, puesto que siempre empezaremos nuestra operación en este caso (operando con este broker y par de divisas) con 3 pips de perdida.

Debemos pues conocer que en las operaciones se realizan siempre al precio de compra ASK y al de venta BID.

En una operación de compra abriremos la posición al precio ASK y la cerraremos al precio BID.

En una operación de venta abriremos una operación al precio BID y la cerraremos al precio ASK.

Ejemplo:

Vamos a efectuar una operación de compra presintiendo que el par EUR/USD va a subir en su valor en las próximas horas y lo compramos al precio de oferta 1.4611 ASK

Symbol	Bid	Ask	High	Low
EURUSD	1,4608	1,4611	1,4614	1,4566
GBPUSD	1,6351	1,6354	1,6356	1,6327
USDCHF	0,8344	0,8347	0,8364	0,8345

Unas horas después visto que nuestra operación resulta vencedora y estamos ganando dinero decidimos cerrarla y esta operación se cerrara al precio de venta BID a 1.4679

Symbol	Bid	Ask	High	Low
EURUSD	1,4679	1,4682	1,4695	1,4566
GBPUSD	1,6434	1,6437	1,6470	1,6327
USDCHF	0,8363	0,8366	0,8390	0,8329

El resultado de nuestra operación será que hemos comprado a 1.4611 y vendido a 1.4679 lo que nos genera una diferencia de (1.4679-1.4611=0.0068) 68 pips de ganancia la cual tal y como vimos en temas anteriores estos pips se transformaran en beneficios según el volumen en el que operemos, en este caso por ejemplo en una operación de 10.000 $ de volumen habríamos incrementado nuestro capital en 68 $ en pocas horas.

2.8 Como leer un grafico de divisas

Los gráficos en el mercado de divisas (forex) son fáciles de interpretar, especialmente para alguien que ya ha invertido u operado intradía en el mercado de acciones o futuros por su similitud. Cuando vemos un gráfico de acciones en tiempo real, el inversionista tiene que seleccionar el período del gráfico (1 día, 5 minutos, 15 minutos, etc.) y la acción que desea. El concepto es el mismo para un gráfico de divisas. El inversionista selecciona el par de divisas (dólar estadounidense frente al yen japonés, el euro frente al dólar, etc.) y el período que desea que se muestre el gráfico de divisas.

Si usted hubiese mirando el gráfico que aparece abajo sin saber que es un gráfico de divisas, hubiese podido pensar que es un gráfico accionario en el que algun producto cotiza a 118 dólares. La foto del gráfico en tiempo real que aparece abajo muestra la relación entre el dólar estadounidense y el yen (USD/JPY) japonés para un período de 20 días. Por consiguiente, un inversionista que opera acciones en forma intradía puede adaptarse fácilmente a los gráficos forex.

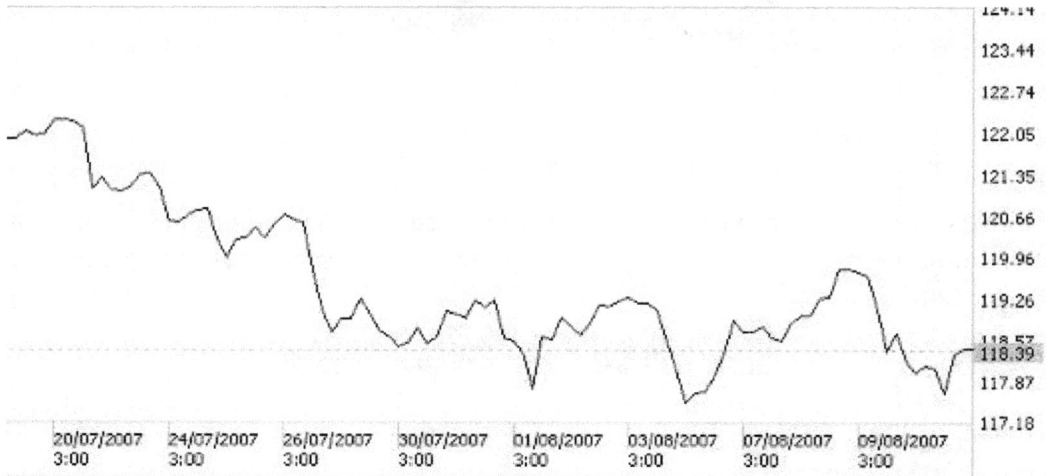

Las oscilaciones en el grafico muestran las variaciones de precios entre el dólar y el yen en un cada periodo de tiempo determinado abajo.

Si inversor presiente que el dólar va a subir, simplemente debe comprar. Entonces, si ve que el grafico sube (119.00, 119.50, 120., etc.), sabe que está ganado dinero.

El forex al ser un mercado bidireccional da la posibilidad de invertir en los dos sentidos, pues si presentimos que el dólar se va a bajar respecto al yen nuestra opción seria vender y si observa el precio bajar (117, 116.5, 116..etc) , esta obteniendo beneficios de nuevo.

2.9 Los diferentes tipos de gráficos

Existen diferentes representaciones graficas para poder obtener una visualización distinta de un mismo grafico, las cuales nos ayudan a aprovechar las cualidades de los diferentes gráficos para nuestro posterior estudio de la situación histórica de las divisas.

A continuación mostramos el mismo grafico con diferentes modalidades de representar la evolución de sus precios:

Grafico de línea o lineal

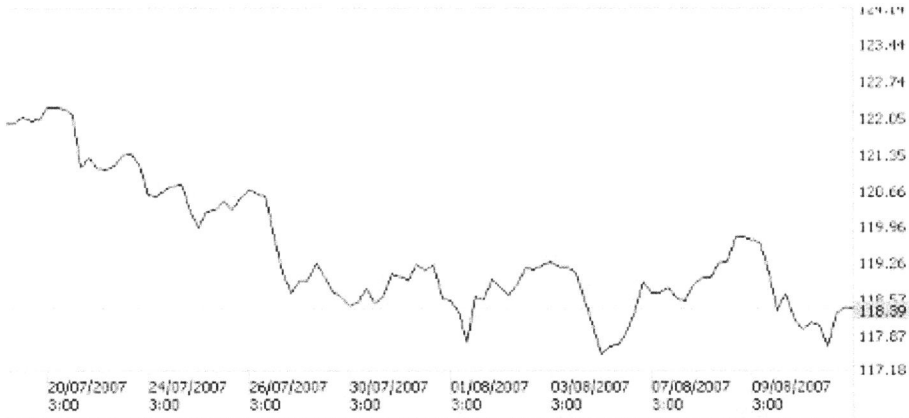

Este tipo de grafico se obtiene creando con el único dato de los puntos de cierre del mercado y enlazándolos con una línea.

El grafico lineal es el tipo de grafico más usual destaca por su y sencillez y rapidez para interpretarlo.

Grafico de líneal con altos y bajos (line h l)

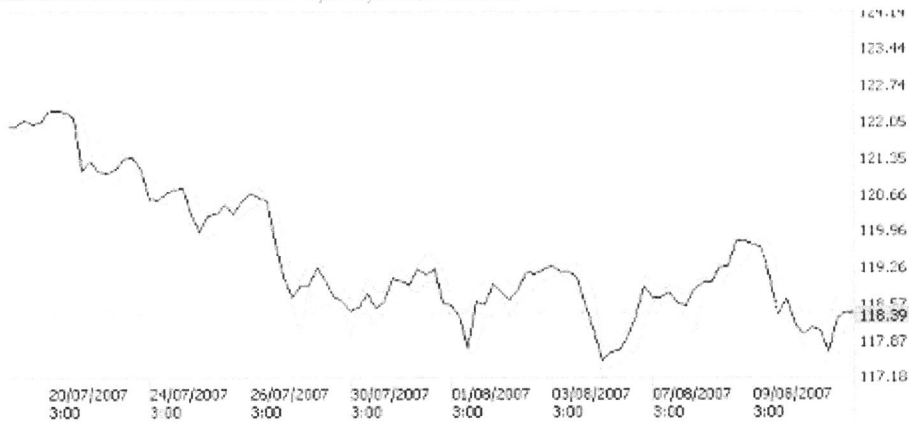

Al igual que el grafico anterior disponemos de una línea enlazando los puntos de cierre del mercado y otras dos asimétricas. Dichas dos líneas enlazan una los puntos mas altos de cada periodo de tiempo y la segunda los puntos mas bajos.

Este tipo de grafico muestra mas informacion sobre las oscilaciones de precio respecto al primero ya que podemos distinguir fácilmente los picos altos y bajos en cada grafico y periodo de tiempo.

Grafico de Barras (bar chart)

El grafico de barras ofrece mas información que los anteriores. La parte más alta de la barra representa el precio más alto alcanzado, la inferior el mas bajo , a la izquierda observamos el precio de apertura y a la derecha el de cierre de cada sesión.

Este tipo de barra necesita algo mas de experiencia para interpretarlo pero ofrece una informacion mas efectiva que los 2 modelos anteriores mostrados.

Las Barras muestran la informacion de la cotizacion mas alta y baja asi como la de apertura y cierre de sesion en cada periodo temporal en una misma imagen.

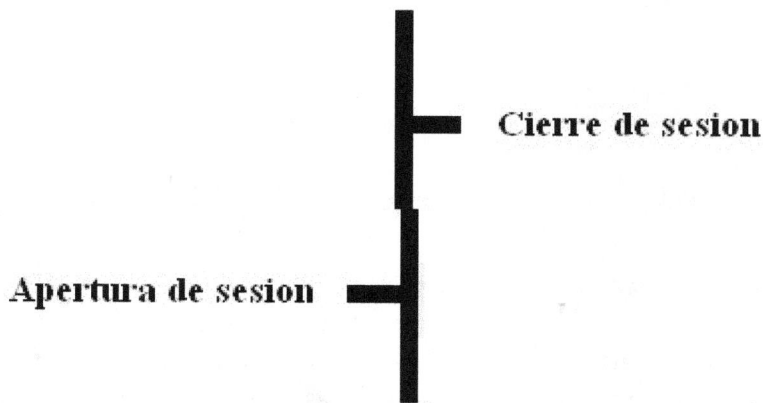

Cotizacion mas alta

Cierre de sesion

Apertura de sesion

Cotizacion mas baja

Grafico de Velas (Candelstick)

Las velas o candelstick son una técnica japonesa y que cuenta cada dia con mas adeptos, es uno de los metodos mas completos y que muestra mas informacion.

En las velas a las partes que sobresalen de la caja se les denomina sombras, mientras que la caja interior se llama cuerpo.

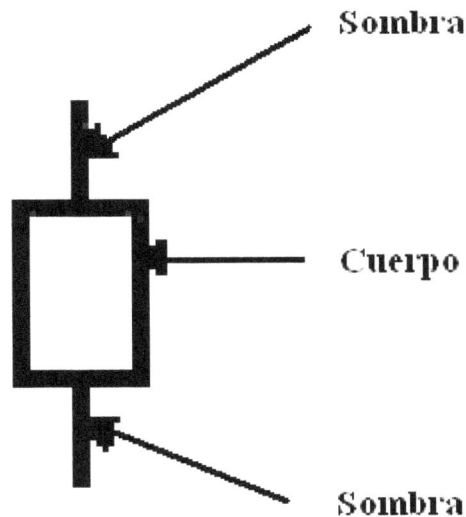

La caja esta formada por la diferencia entre el precio de apertura y el precio de cierre de la sesión. Si la apertura es inferior al cierre la caja se representa vacía sin rellenar de ningún color y se interpreta la barra como alcista. Cuando la apertura es más alta que el cierre el cuerpo del candelstick se colorea o rellena y la vela tiene implicaciones bajistas.

Alto   Alto

Cierre   Apertura

Apertura   Cierre

Bajo   Bajo

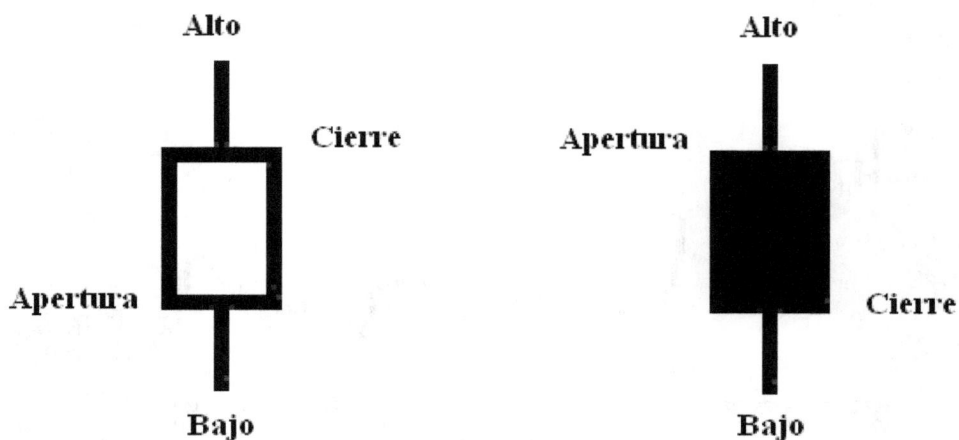

2.10 Con cual par de divisas operar?

Actualmente los brokers nos ofrecen la posibilidad de operar con una gran cantidad de pares de divisas, la variedad suele ser tan amplia que a veces incluso podemos dudar cual es el mejor par para empezar a operar.

El par que usted va a elegir dependerá de su modelo de inversión y su experiencia.

Los pares de divisas mas usados y operados son los conocidos en ingles como los "The Majors" los pares EUR/USD, USD/JPY, USD/CHF y GBP/USD representan el 82 % de las inversiones en divisas.

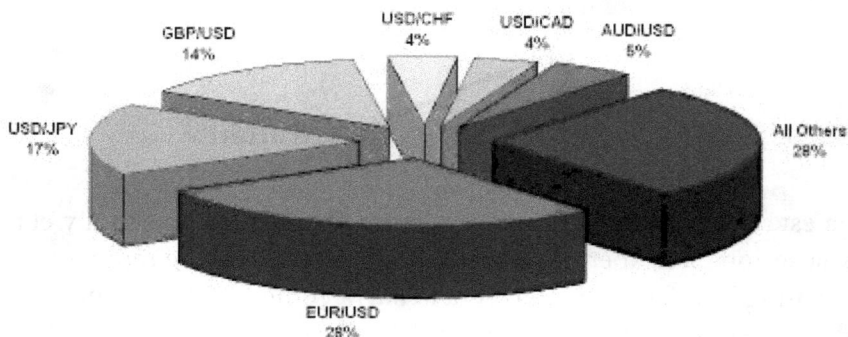

A la hora de elegir un par de divisas para invertir debe tener en cuenta los siguientes requisitos:

Cual es la divisas con la que cuento con mas información?

En divisas como el Dólar, Euro, Libra o el Yen se dispone de más información que en otras por lo que podremos realizaremos una análisis fundamental mas exacto y efectivo.

Existe alguna oportunidad en el mercado?

Seguir el mercado en búsqueda de oportunidades en algún par de divisas por alguna noticias económica financiera que pudiera afectar a una y favorecer a otra.

El par que voy a operar esta relacionado con el oro o el petróleo ?

Algunas divisas como el dólar se ven afectados con la cotización del petróleo y a la inversa por lo que suelen tener una fuerte correlación.

Operare los eventos?

Muchos operadores desean operar en horarios cerca de los eventos financieros los cuales son momentos en los que suele aumentar la volatilidad del mercado, por lo que ofrecen muchas posibilidades de ganar dinero en relación a la divisa mencionada.

Que volatibilidad estoy dispuesto a asumir ?

Algunos pares de divisas ofrecen mas volatilidad en sus precios que otros. Por lo que según nuestra estrategia podemos decantarnos por unos mas estables o mas activos.

Que Spread tiene el par ?

La comisión sobre el Spread que nos cobra el broker suele variar según el par de divisas en el que estemos invirtiendo por lo que cuando menor sea mayor serán nuestros beneficios.

Los Majors al ser pares de divisas mas operados suelen tener siempre unos Spreads mas ajustados.

Par	Rango de movimiento medio en 30 dia	Spread Normal
GBP/JPY	191 PIPS	6-9 PIPS
GBP/CHF	130 PIPS	7-9 PIPS
GBP/USD	125 PIPS	4-5 PIPS
EUR/CAD	111 PIPS	6-9 PIPS

EUR/JPY	101 PIPS	3-4 PIPS
EUR/AUD	100 PIPS	10-15 PIPS
USD/CHF	85 PIPS	4-5 PIPS
EUR/USD	75 PIPS	1,5-3 PIPS
USD/CAD	75 PIPS	4-5 PIPS
USD/JPY	72 PIPS	2-4 PIPS
NZD/USD	67 PIPS	5-7 PIPS
CHF/JPY	64 PIPS	3-5 PIPS
AUD/USD	52 PIPS	2-5 PIPS
EUR/CHF	46 PIPS	3-5 PIPS
EUR/GBP	31 PIPS	2-4 PIPS

Evolución histórica del volumen y los pares de divisas más operados.

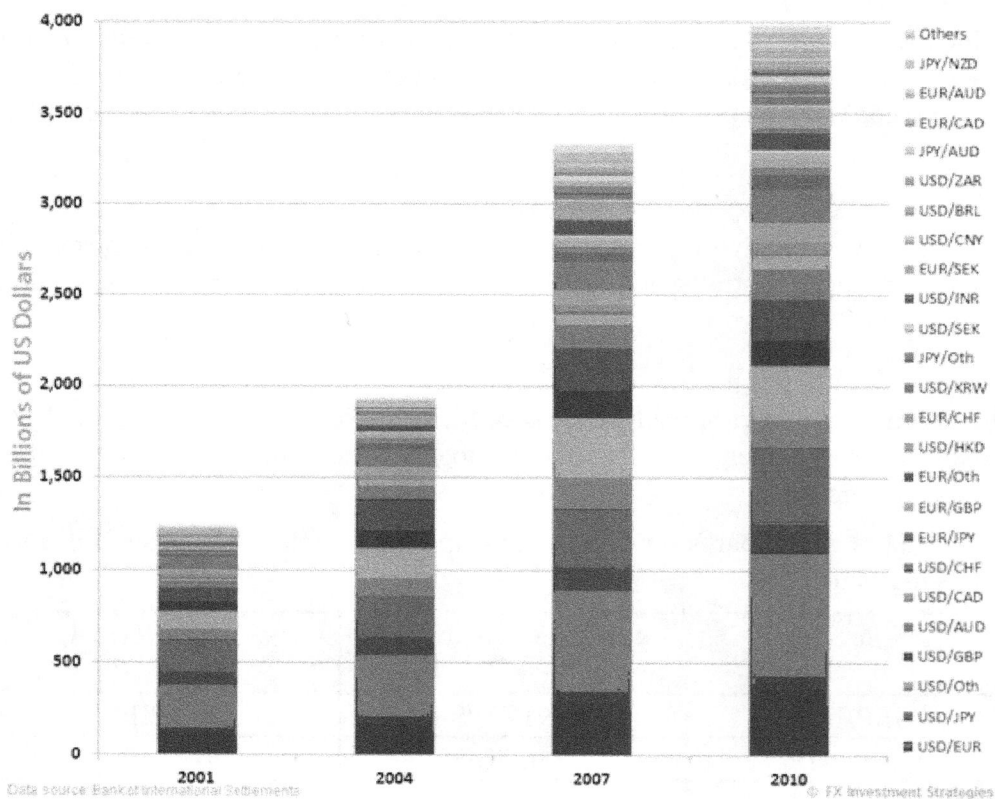

Tema 3 : Las divisas mas importantes

Es importante conocer las divisas más importantes del mundo así como las características del país que las respaldan ya que la fortaleza de dicha divisa radica en buena parte en la salud de la economía de su respectivo país.

3.1 El dólar americano (USD)

El codigo Iso 4217 del dólar americano es el USD.

El dólar americano es hoy en día la divisa mas importante del mundo, alrededor de un 90 % de las transacciones en divisas tienen en una de sus partes al dólar americano, el dólar americano no solo es influyente como moneda sino como símbolo de la mayor economía del mundo.

El dólar americano es la moneda oficial de Estados Unidos pero su uso también se extiende a países de habla hispana como Panamá, Puerto Rico , Ecuador y el Salvador.

El dólar es la moneda internacional que domina en el mundo, es la moneda por excelencia y universal. A cualquier país que vayas te entienden si llevas el dólar, nadie los rechaza, pero su devaluación respecto al euro demuestra que la economía americana no está en su mejor momento. Actualmente el motor de la economía mundial es la americana y solo habrá recuperación mundial si América la encabeza con el dólar, las finanzas mundiales y los inversores están muy interesados en esta evolución. El euro ahora está por encima del dólar pero aunque cotice más alto que el dólar al final perjudicará al continente europeo y sus exportaciones.

Estados Unidos y su economía

Estados Unidos con una población de más de 308 millones de habitantes, es el tercer país más grande del mundo por población así como por superficie terrestre. Es una de las naciones del mundo étnicamente más diversas y multiculturales, producto de la inmigración a gran escala

Estados unidos Cuenta con 14.4 billones de dólares una cuarta parte del PIB (Producto Interior Bruto) del mundo, es el importador de bienes más grande a nivel internacional y el tercero en términos de exportaciones, es el tercer productor de petróleo más importante en el mundo, así como el mayor importador de este producto. También es el productor número uno de energía eléctrica y de energía nuclear, así como gas natural licuado, azufre, fosfatos y sal. Mientras que la agricultura representa menos del 1% del PIB, el país es el mayor productor de maíz y soya. Toda esta producción contribuye a que la bolsa de Nueva York sea la más grande del mundo. A su vez, las empresas estadounidenses de Coca-Cola, McDonals y Microsoft son las marcas más reconocidas en el mundo.

Historia del dólar americano

El dólar estadounidense proviene del dólar español, utilizado en gran mayoría en los EE.UU. durante La Guerra de la Independencia.

Hay diversas opiniones sobre el origen del símbolo del dólar. La que se acepta más, según la oficina de Grabado e Impresión de los Estados Unidos, sigue la misma evolución que la moneda mexicana o española Ps que abreviaba Pesos, piastras, o piezas de a ocho. Esta teoría según indican manuscritos antiguos la "s" pasó gradualmente a escribirse sobre la "P", y se formó un equivalente cercano a "$".

Desde 1971, cuando el dólar dejó de ser respaldado por el oro, su valor no ha ido relacionado a ninguna mercancía en concreto, pero en realidad, ha ido ligado al petróleo del Medio Oriente, desde 1974 y sus acuerdos en los cuales EE.UU. se comprometió a garantizar la seguridad de la monarquía en Arabia Saudita.

Irak, en el año 2000 cambió todas sus transacciones petroleras a euros, pero cuando EE.UU. invadió Irak, la primera medida económica que tomaron fue la de volver a convertir todas estas transacciones de euros a dólares.

En el 2001, el embajador de Venezuela en Rusia intentó cambiar el comercio de petróleo de petrodólares a petroeuros. Un año más tarde hubo un intento de golpe de estado contra Hugo Chávez presuntamente apoyado por los EE.UU. y la ayuda de La CIA.

3.2 El Euro (EUR)

El codigo Iso 4217 del euro es EUR.

El euro tiene el segundo lugar como moneda mas operada en el mundo detrás del dólar americano. Las transacciones de Euros en el mercado de divisas representan al rededor de un 37 por ciento de las operaciones diarias.

El Euro es la moneda regional de los países de la comunidad europea. Alemania es el país mas activo en el mercado de divisas de todos los países que forman la comunidad económica europea

La creación del euro y la eurozona

Los estados miembros de la Unión Europea acuerdan el 15 de diciembre de 1995 en Madrid la creación de una moneda común europea para enero del año 2002.

La moneda fue introducida oficialmente el 1 de enero de 1999, cuando dejaron de existir como sistemas independientes las monedas de los once países de la Unión que se acogieron al plan de la moneda única, la denominada zona euro: Alemania, Austria, Bélgica, España, Finlandia, Francia, Irlanda, Italia, Luxemburgo, Países Bajos y Portugal. El 1 de enero de 2001 se incorporó Grecia. Sin embargo, debido al período de fabricación requerido para los nuevos billetes y monedas, las antiguas monedas nacionales, a pesar de haber perdido la cotización oficial en el mercado de divisas, permanecieron como medio de pago hasta el 1 de enero de 2002, cuando fueron reemplazadas por billetes y monedas en euros.

El 1 de enero de 2002, los billetes y las monedas en euros comenzaron a circular en doce de los quince Estados miembros que, en aquel momento, componían la Unión Europea (UE). El 1 de mayo de 2004, diez nuevos países se adhirieron a la UE. El 1 de enero de 2007, la UE se amplió a otros dos países más. Se espera que los nuevos miembros participen en la Unión Económica y Monetaria (UEM) y adopten el euro una vez cumplan los criterios de convergencia. De los doce nuevos miembros, Eslovenia adoptó el euro el 1 de enero de 2007. El 10 de julio de 2007, el Consejo de la Unión Europea confirmó que Chipre y Malta cumplían los criterios de convergencia y que adoptarían el euro el 1 de enero de 2008.

Actualmente la Unión Europea ocupa el 3° puesto en el ranking mundial de población con 501.259.840 personas según estimaciones del 2008.

La economía de la unión de países de la comunidad Europea es la más grande del mundo, con un PIB de 15.9 millones de dólares

3.3 *El Yen Japones (JPY)*

El codigo ISO 4217 del yen Japones de JPY

El Yen es la tercera divisa más importante, alrededor de un 20 por ciento de las operaciones diarias se ejecutan con el Yen.

El Yen es la Unidad monetaria utilizada en Japón, se representa con el símbolo (¥) y se pronuncia "en". Pero en el Japón se representa con el carácter (?) (que significa redondo).

Japón y su economía

Japón es la tercera economía más grande del mundo, después de los Estados Unidos, en torno a 4,5 billones de dólares en términos de PIB nominal y la tercera después de los Estados Unidos y China en términos del poder adquisitivo.

Banca, seguros, bienes raíces, venta al por menor, el transporte y las telecomunicaciones son las principales industrias. Tiene una gran capacidad industrial y es el hogar de algunos de los mayores, mejores y más avanzados tecnológicamente productores de vehículos de motor, equipos electrónicos, máquinas herramientas, acero y metales no-ferrosos, barcos, productos químicos, textiles y alimentos procesados.

Algunas de las compañías más grandes del país incluyen a Nintendo, Toyota Motor, NTT DoCoMo, Canon, Honda, Takeda Pharmaceutical Company, Sony, Nippon Steel, Tepco, Mitsubishi Estate, y Seven & I Holding. Es el hogar de algunas de las entidades bancarias más grandes del mundo por activos bancarios. La Bolsa de Valores de Tokio con una capitalización de mercado de más de 549,7 billones de yenes en diciembre del 2006 se erige como la segunda más grande del mundo después de la de Nueva York.

La historia del Yen

Qin Shi Huang, el primer emperador de la dinastía Qin, consiguio unificar el norte de China y en gran medida la escritura así como el sistema monetario.

El emperador Wu de la dinastía Han (221 AC), sucesora a la dinastía Qin acuño el "Wu Zhu" moneda de bronce la cual se convirtió en el modelo estándar de tamaño y peso de las monedas de China del entonces.

Los países de Asia oriental, incluido Japón, sus monedas acuñaron modelo del chino de monedas, de modo que la forma y el tamaño de las monedas en los países de Asia oriental son muy similares a los de China.

El gobierno japonés el cual importaba de China bienes culturales y sociales para aumentar su poder político acuño el "Wado Kaichin", o "Wado Kaiho" y tomó medidas para fomentar el uso de la moneda en las transacciones de tierras y para pagar impuestos.

El billete mas antiguo que se conoce apareció en la zona de Ise Yamada (actualmente ciudad de Ise) donde existía una gran zona de comercio en la época medieval. El "Yamada Hagaki" fue utilizado al principio para pequeños cambios a forma de un recibo en lugar de monedas de plata.

La palabra "hagaki" se deriva de una "hoja de pequeñas sumas de impares".

Con el sistema de emisión de moneda bien establecida y estable, Yamada Hagaki obtuvo la confianza del público y fue distribuido ampliamente en las regiones vecinas Yamada y pronto su uso se convirtió en una practica común entre los comerciantes de la región de Kinki

El primer billete nacional el "Dajokan satsu" fue emitido por el gobierno de la dinastia Meiji (1868)

Unificar el sistema monetario se trataba de una tarea importante y urgente para que el gobierno Meiji, para poder intercambiar monedas en diferentes regiones sin problemas.

En 1871 pocos años después de la aparición del "Dajokan satsu" el gobierno Meiji comenzó a reformar el sistema monetario de la complicada era Edo en un moderno sistema parecidas a las de los países europeos.

Una nueva ley estipulaba la adopción del sistema de contabilidad de decimales, con lo que aparecieron las primeras monedas de yenes, Sen, y el rin.

En 1870 el yen se definió como una moneda que tenía el mismo valor que el dólar de plata estadounidense, acuñándose en oro hasta 1888, y después en plata hasta 1914. Se siguieron acuñando yenes de oro hasta 1932.

En 1949 el yen adquirió un valor fijo que hacía corresponder 360 yenes a un dólar estadounidense, dejándose de utilizar los sen y los rins, salvo para realizar los cálculos financieros.

El yen dejó el sistema de tipos de cambios fijos en 1971, dejando flotar su cotización en el mercado; su tipo de cambio cayó por debajo de los 100 yenes por dólar por primera vez en 1994.

3.4 La libra esterlina (GBP)

El codigo Iso 4217 de la libra esterlina es GBP

La libra esterlina es la cuarta moneda mas operada en las transacciones de divisas, representa cerca de un 17 % de las operaciones diarias en divisas buena parte de ellas representadas por el par con el dólar (GBP/USD).

La libra esterlina (en inglés pound sterling) es la divisa del Reino Unido y de las Dependencias de la Corona Británica.

La economía del Reino Unido

El Reino Unido es la sexta economía más grande del mundo y la tercera más grande en Europa después de Alemania y Francia. Con un PIB de 2.256.830 millones de dólares.

El sector terciario es el principal motor de la economía británica, actualmente el sector terciario produce un 73 % del PIB. El sector está dominado por los servicios financieros, especialmente bancos y aseguradoras. Esto hace a Londres el centro financiero más grande del mundo, ya que aquí se encuentran las sedes de la Bolsa de Londres, el London International Financial Futures and Options Exchange y el Lloyd's of London; además de ser el líder de los tres "centros de comando" de la economía mundial (junto con Nueva York y Tokio).Además, cuenta con la mayor concentración de sucursales de bancos extranjeros en el mundo. Muchas empresas multinacionales que no son de propiedad británica han elegido Londres como el lugar para su sede europea o extranjera: un ejemplo es la firma estadounidense de servicios financieros Citigroup. La capital de Escocia, Edimburgo, también es uno de los grandes centros financieros de Europa y es la sede del Royal Bank of Scotland Group, uno de los bancos más importantes del mundo.

El reino Unido cuenta con 51 millones de habitantes en sus 130,395 km² sin incluir los territorios Británicos de Ultramar, catorce territorios dependientes del Reino Unido, pero que no conforman parte de él. Principalmente, se trata de pequeñas islas poco pobladas que representan los vestigios del antiguo Imperio británico. Juntos, representan un área que supera los 1.728.000 km² y una población de aproximadamente 260.000 personas.

La historia de la libra esterlina

En los tiempos anglo-sajones, pequeñas monedas de plata conocidas como sceattas eran usadas en el comercio: estas se derivaban de unos ejemplos frisios, y pesaban unos 20 granos (1. 3 gramos).

El Rey Offa de Mercia (790 d. C.) introdujo un penique plateado de 22.5 granos (1.5 gramos). Doscientos cuarenta de estos fueron hechos de una medida de plata conocido como la libra Torre: aparentemente esta pesaba 540 granos (349.9 gramos).

En 1526 el estándar fue cambiado por la libra Troy de 5760 granos (373.242 gramos).

Como unidad monetaria, el término libra se origina del valor del peso de una libra de plata de gran pureza conocida como plata esterlina.

La esterlina (con una unidad básica que era el penique Tealby, en vez de la libra) fue introducida como la divisa inglesa por el Rey Enrique II en 1158, aunque el nombre de esterlina no fue usado hasta después. La palabra esterlina es del viejo francés esterlin transformado a stiere en el viejo inglés (fuerte, firme, inamovible).

La esterlina fue originalmente un nombre para un penique plateado de 1/240 de libra. Originalmente un penique plateado tenía un poder de compra ligeramente menor que el de una libra moderna. En tiempos modernos la libra ha reemplazado al penique como la unidad básica de cambio ya que la inflación ha desgastado continuamente el valor de la divisa.

La libra esterlina, establecida en 1560-1561 por Isabel I y sus consejeros, principalmente Sir Thomas Gresham, que trajo orden al caos financiero de la Inglaterra Tudor que había sido ocasionado por el "Gran Degradamiento" de la moneda, que a cambio provocó una inflación debilitadora durante los años de 1543 a 1551. Para 1551, de acuerdo con Fernand Braudel, el contenido plateado de un penique se había reducido a un tercio del total. Las monedas se habían convertido en meras divisas fiduciarias (como lo son las monedas modernas), y la tasa de cambio en Amberes donde la ropa inglesa era comercializada en Europa, se había deteriorado. Toda moneda en circulación fue sacada de ella para reacuñarse con el mayor estándar, y pagada con descuento.

La libra esterlina mantuvo su valor intrínseco — "un fetiche en la opinión pública" lo llamó Braudel — de manera única entre las divisas europeas, aun después de que el Reino Unido adoptó oficialmente el patrón oro, hasta después de la Primera Guerra Mundial, soportando crisis financieras en 1621, en 1694-1696, cuando John Locke panfleteó por la libra esterlina como "una unidad fundamental invariable" y de nuevo en 1774 y 1797. Ni siquiera los violentos desórdenes de la Guerra Civil devaluaron la libra esterlina en los mercados monetarios de Europa. Braudel atribuye el fácil crédito de Inglaterra a la divisa restaurada, que nunca fue devaluada a través de los siglos, que dio seguridad de contrato y una alza a una superioridad financiera durante el siglo XVIII. La libra esterlina ha sido la moneda del Banco de Inglaterra desde sus inicios en 1694.

La libra se trasladó extraoficialmente de la plata al patrón oro gracias a una sobrevaluación del oro en Inglaterra que atrajo oro del extranjero y ocasionó una importación constante de la moneda de plata, a pesar de una reevaluación del oro en 1717 por Isaac Newton, maestro de la Real Casa de la Moneda. El patrón oro de de facto continuó hasta su adopción oficial después del fin de las Guerras Napoleónicas, en 1816. Éste duró hasta que el Reino Unido, en acuerdo con muchos otros países, abandonó el patrón después de la Primera Guerra Mundial en 1919. Durante este periodo, una libra podía ser intercambiada por $4.886 dólares estadounidenses.

Algunas discusiones tuvieron lugar después de la Conferencia Monetaria Internacional de 1865 en París concernientes a la posibilidad de que el Reino Unido se uniera a la Unión Monetaria Latina, y una Comisión Real de Acuñación Internacional examinó la cuestión, resultando en la decisión en contra de unirse a la Unión Monetaria.

Antes de la Primera Guerra Mundial, el Reino Unido tenía una de las economías más fuertes del mundo, reteniendo el 40% de las inversiones de ultramar en el mundo. Sin embargo, para el final de la Guerra el país debía £850 millones, la mayor parte a los Estados Unidos, con intereses que costaban al país un 40% de todo el gasto del gobierno.

En un intento de recobrar la estabilidad, una variación del patrón oro fue reintroducida en 1925, bajo la cual la divisa fue fijada al precio del oro a los niveles previos a la guerra, aunque la gente sólo podía intercambiar su dinero por oro en lingotes, en lugar de monedas. Esto fue abandonado el 21 de septiembre de 1931, durante la Gran Depresión, y la libra fue devaluada un 25%.

En común con todas las otras monedas del mundo, ya no hay ninguna relación con metales preciosos. El dólar estadounidense fue el último en dejar el oro, en 1971. La libra fue hecha completamente convertible en 1946 como una condición por recibir un préstamo de Estados Unidos de $3.75 billones de dólares después de la Segunda Guerra Mundial.

La libra esterlina fue usada como la moneda de muchas partes del Imperio Británico. Al convertirse esto en la Mancomunidad Británica de Naciones, los países de la Mancomunidad introdujeron sus propias divisas tales como la libra australiana y la libra irlandesa. Esto evolucionó en la zona esterlina, donde esas divisas están relacionadas con la libra.

Desde que se dejó el oro, ha habido varios intentos de fijar el valor de libra a otras monedas, inicialmente el dólar estadounidense.

Bajo una continua presión económica, el 19 de septiembre de 1949 el gobierno devaluó la libra un 40%, de $4 USD a $2.80 USD. El movimiento impulsó a muchos otros gobiernos a devaluar sus monedas contra el dólar también, entre ellos Australia, Dinamarca, Irlanda, Egipto, India, Israel, Nueva Zelanda, Noruega y Sudáfrica.

A mediados de la década de 1960, la libra se vio bajo una renovada presión desde que la tasa de cambio contra el dólar era considerada muy alta. En el verano de 1966, con el valor de la libra cayendo en los mercados monetarios, los controles de cambio fueron apretados por el gobierno de Wilson. Entre las medidas, a los turistas les fue prohibido sacar más de 50 libras del país, hasta que las restricciones fueron levantadas en 1970. La libra fue eventualmente devaluada en un 14.3% a $2.41 dólares el 18 de noviembre de 1967.

Con el fin del sistema Bretton Woods — no poco importante porque principalmente los comerciantes británico habían creado un substancial mercado de Eurodólar que hizo más difícil de mantener el patrón oro de Estados Unidos por parte de su gobierno — la libra fue emitida a principios de la década de 1970 y sometida una apreciación de mercado. La zona esterlina terminó efectivamente en esta época cuando la mayoría de sus miembros decidieron estar libres contra la libra y el dólar.

Después de la adopción del euro por varios países, la libra se convirtió en la divisa más antigua del mundo que aún se utiliza, y actualmente Inglaterra tiene la tercera porción más grande de divisas en reserva a nivel mundial, después del dólar estadounidense y el euro.

3.5 El Franco Suizo (CHF)

El codigo ISO 4217 del franco suizo es CHF

El franco suizo ocupa la quinta posición de divisas mas operadas en el mundo las transacciones con el franco suizo representan alrededor del 6 por ciento de las operaciones en divisas que se realizan a diario.

El Franco suizo es la moneda de curso legal en Suiza y Liechtenstein.

La economía de suiza

Suiza cuenta con una de las economías capitalistas más estables poderosas y modernas del mundo, ubicada entre las diez mejores según el Índice de Libertad Económica de 2009. El PIB nominal per cápita de Suiza, 42.783 millones de dolares es más alto que el de la mayoría de las economías europeas, sólo superado por el de Luxemburgo, Noruega, Qatar, Islandia e Irlanda.

El PBI de Suiza es de 312.753 millones de dólares, en un país con una superficie de solo 41.290 km² que cuenta con 7.725.200 habitantes de los cuales un 20 % son población extranjera que trabajan temporalmente en el país.

El índice de paridad de poder adquisitivo (PPA) de Suiza se encuentra entre los quince mejores del mundo. El reporte de competitividad del Foro Económico Mundial coloca a la economía de Suiza como la segunda más competitiva en el mundo. En gran parte del siglo XX, Suiza fue el país más rico en Europa por un margen considerable.

Suiza es el hogar de algunas de las corporaciones multinacionales más grandes del mundo. Las compañías más grandes de Suiza son Glencore, Nestlé, Novartis, Hoffmann-La Roche, ABB, SIKA AG y Adecco.También destacan UBS AG, Servicios Financieros Zúrich, Credit Suisse Group, Swiss Re y los grupos relojeros Swatch y Richemont.

Entre las actividades económicas más importantes en Suiza se encuentran la industria química, la industria farmacéutica, la fabricación de instrumentos musicales y de medición, las inmobiliarias, los servicios financieros y el turismo. Las principales exportaciones del país son los productos químicos (34% de los bienes exportados), la maquinaria electrónica (20,9%) y los instrumentos de precisión y relojes (16,9%).Los servicios exportados suman un tercio de los bienes exportados.

Historia del Franco Suizo

Antes de 1978, alrededor de de 75 entidades creaban diferentes monedas en suiza, incluidos los 25 cantones y semi-cantones, 16 ciudades, abadías y, lo que resultaba en aproximadamente 860 diferentes monedas en circulación, con diferentes valores y denominaciones.

En 1798, la República Helvética inicio una moneda sobre la base del franco francés.

La nueva moneda en circulación sirvió cono inicio para los bancos cantones empezaran una reforma de la moneda creando varios tipos de francos, según el banco.

Entre 1803 y 1850 el sistema económico suizo era sumamente complicado al ser solo un 15 % de la moneda en circulación del producción local, el 85 % de las divisas en circulación eran extrajeras traídas por mercenarios y viajantes. De este modo unas 8000 monedas diferentes circulaban libremente por suiza en ese momento.

Con el fin de solucionar el problema de la gran cantidad de diferentes divisas en circulación, en la nueva Constitución Federal Suiza de 1848 se especifica que el Gobierno Federal es la única entidad autorizada a hacer dinero en Suiza. Esta fue seguida dos años más tarde por la primera Ley de la moneda Federal, aprobada por la Asamblea Federal el 7 de mayo de 1850, que introdujo el franco como unidad monetaria de Suiza.

El franco Suizo fue presentado a la par con el franco francés. Sustituyó a las diferentes monedas de los cantones suizos, algunos de los cuales habían sido utilizando un franco (dividido en 10 batzen y 100 rappen), que tuvo un valor de 1 ½ de francos franceses.

En 1865, Francia, Bélgica, Italia, y Suiza forman la Unión Monetaria Latina, donde se acordó cambiar su moneda nacional a un nivel de 4,5 gramos plata o de 0,290322 gramos de oro. Incluso después de la unión monetaria se disipa en el decenio de 1920 y terminó oficialmente en 1927, el franco suizo se mantuvo en ese nivel hasta 1936, cuando sufrió su única devaluación, el 27 de septiembre durante la Gran Depresión.

El franco suizo ha sido históricamente considerado un refugio seguro una moneda prácticamente con una inflación cero ya que gracias a un requisito legal, el 40 % del valor esta respaldado por las reservas de oro. Sin embargo, este vínculo con el oro, que data de la década de 1920, se dio por terminada el 1 de mayo de 2000 tras un referéndum en relación con el oro nazi asunto con los bancos suizos y una enmienda a la Constitución suiza.

3.6 *El Dolar Australiano(CHF)*

El codigo ISO 4217 del dólar Australiano es AUD

El dólar australiano ocupa la sexta posición en nuestro ranking de las divisas mas operadas en el mercado forex, las transacciones con dólar australiano representan alrededor de un 4 por ciento de todas las operaciones en el mercado de divisas.

El dólar australiano es la moneda oficial de la Commonwealth de Australia, incluyendo los Territorios Antárticos Australianos, las Islas Christmas, las Islas Cocos, Islas Heard y McDonald y Islas Norfolk, así como de los estados independientes del Pacífico de Kiribati, Nauru y Tuvalu.

La economía Australiana

La economía Australiana se basa en el sector terciario el cual incluyendo turismo, educación y servicios financieros, representa un 69 % del PIB. Las exportaciones agrícola y mineras representan un 65 % de las exportaciones del país lo que representa un 8 % del PBI.

El PIB de Australia es de 1.395.000 millones de dólares, con un PIB per. Capita de 57.553 dólares superior a países como el Reino Unido, Alemania y Francia. El país Australiano a sabido resistir las crisis económicas y no ve decesión desde comienzos de la década de 1990 lo cual denota la conservación de su economía domestica y el mantenimiento de los negocios y consumo. La nación se encuentra en el segundo lugar en el Índice de Desarrollo Humano llevado a cabo en 2009 por las Naciones Unidas, siendo superada sólo por Noruega.

El continente Australiano cuenta con una vasta superficie de 7.686.850 km² en la que residen solo unos 20 millones de habitantes. Un continente rico en recursos naturales, productos agrícolas y ganaderos, especialmente granos y lana; las vacas y ovejas son las principales fuentes de producción de alimentos en gran parte del territorio australiano. Igualmente la extracción de minerales, incluyendo varios metales, carbón, y gas natural, son una parte integral de la estructura productiva del país. Una caída en los precios de las opciones en los mercados financieros mundiales puede tener un enorme impacto en la economía del país.

Historia del dólar Australiano

En Australia la libra Australiana era la moneda usada en el país entre el año 1910 y el 14 de febrero de 1966, cuando fue definitivamente reemplazada por el actual dólar australiano.

La libra australiana surgió como respuesta a la nueva situación política del país, que había sido constituida en Commonwealth dentro del Imperio Británico en 1901, logrando un mayor nivel de autonomía interna y de control sobre asuntos locales, dejando a Gran Bretaña las funciones gubernativas sobre relaciones exteriores y defensa, además de reconocer al monarca británico como su soberano. Precisamente la emisión de moneda era una de las nuevas competencias reconocidas al gobierno australiano.

Antes de 1919 la moneda circulante en Australia era la libra esterlina llegada de Gran Bretaña, así como las acuñaciones locales de peniques, chelines, y libras, que incluyeron luego soberanos de oro en las cecas de Melbourne y Sydney. En Australia se consideró necesario contar con una moneda propia, dirigida por el gobierno local australiano, y fijada a una tasa de cambio paralela con la libra esterlina, para lo cual en 1910 se creó la libra australiana, emitiéndose monedas y billetes en esa denominación a lo largo de 56 años.

Inicialmente la libra australiana estuvo sujeto al patrón oro hasta el estallido de la Primera Guerra Mundial en 1914; en 1925 el gobierno australiano volvió al patrón oro pero lo abandonó definitivamente en 1931 debido a la Gran Depresión.

La evolución de la Economía de Australia tras la Segunda Guerra Mundial y el fortalecimiento de lazos comerciales y económicos con los Estados Unidos causaron que para el gobierno australiano fuera más difícil y menos práctico mantener la paridad ideal de la libra australiana con la libra esterlina, habida cuenta que los vínculos económicos con Gran Bretaña empezaban a debilitarse rápidamente, y que inclusive el propio gobierno británico había devaluado la libra esterlina frente al dólar estadounidense en 1949, lo cual influía sobre la moneda australiana.

Ante ello, se determinó que la nueva moneda del país sería el dólar australiano desde 1966, fijado a una tasa de cambio que hacía equivalente una libra australiana a dos dólares, mientras que diez chelines pasaron a equivaler un dólar y un chelín se equiparó a diez centavos de la nueva moneda.

3.7 El Dolar Canadiense (CAD)

El codigo ISO 4217 del Dólar Canadiense es CAD.

El Dólar Canadiense suizo ocupa la séptima posición de divisas mas operadas en el mundo, las transacciones con el Dólar Canadiense representan alrededor del 4 por ciento de las operaciones en divisas que se realizan a diario.

El Dólar Canadiense es la moneda de curso legal en Canadá.

La economía de Canadá

Canadá con una superficie de 9.984.670 km², en la que viven 34 millones de habitantes se reparten uno de los PIB per capita de 43.738 dólares uno de los mas grandes del mundo. Canadá es una de las regiones mas ricas del planeta cuenta con un Con un PIB de 1.506.430 dólares.

Canadá es uno de los pocos países desarrollados que son exportadores netos de energía. Canadá Atlántica tiene grandes depósitos de gas natural en sus costas, y Alberta tiene reservas importantes de petróleo y gas. Las arenas de alquitrán de Athabasca le dan al país las segundas reservas de petróleo más grandes del mundo, detrás de las de Arabia Saudita.

También es uno de los proveedores mundiales de productos agrícolas más importantes, Canadá es el cuarto mayor exportador de productos agrícolas.: las praderas canadienses son unos de los principales productores de trigo, colza y otros cereales. También es el mayor productor de zinc y uranio, y es una fuente primordial de muchos otros recursos minerales, tales como el oro, el níquel, el aluminio y el plomo. Muchas ciudades en el norte, donde la agricultura es difícil, se sustentan gracias a la cercanía de minas y aserraderos. Canadá también tiene un sector manufacturero considerable, concentrado en el sur de Ontario y Quebec, siendo las industrias automovilísticas y aeronáuticas las más importantes.

Canadá se encuentra entre los 10 principales países productores de automóviles y el 3 º mayor exportador de productos de automoción, después de Japón y los EE.UU.

Historia del Dólar Canadiense

Durante la era colonia al igual que muchos países, Canadá estuvo bajo el mandato del reino Británico que impuso la libra británica en el país.

La década de 1850 fue una década de discusiones sobre la posibilidad de adoptar un sistema monetario por ley o de un sistema decimal monetario basado en el dólar de los EE.UU. La población local, por razones prácticas en relación con el aumento del comercio con el vecino Estados Unidos, tenía el deseo de asimilar la divisa canadiense, con la unidad de Estados Unidos, pero las autoridades imperiales en Londres todavía prefieren la idea de la libra esterlina como la moneda única todo el Imperio Británico. En 1851, el Consejo Legislativo y la Asamblea de Canadá aprobó una ley a los efectos de la introducción de una unidad de la libra esterlina en relación con moneda fraccionaria decimal. La idea era que las monedas decimal se corresponden con las cantidades exactas en relación a la moneda fracciones del dólar estadounidense.

En la provincia de Canadá declararon que todas las cuentas se harían en dólares apartir del 1 de enero de 1858, y ordenaron la emisión de los primeros dólares canadienses oficiales ese mismo año. Las colonias, que al cabo de poco tiempo se unirían en la Confederación Canadiense, adoptaron progresivamente un sistema decimal en los años siguientes.

Finalmente, el gobierno aprobó la Uniform Currency Act (ley de unificación monetaria) en abril de 1871, que sustituía las monedas de las diversas provincias por un dólar canadiense común a todas. El patrón oro fue abolido definitivamente el 10 de abril de 1933.

3.8 La Corona Sueca (SEK)

El codigo ISO 4217 de la Corona Sueca es SEK.

La Corona Sueca ocupa la octava posición de divisas mas operadas en el mundo, las transacciones con el Dólar Canadiense representan alrededor del 2 por ciento de las operaciones en divisas que se realizan a diario en el mundo.

La corona Sueca es la moneda oficial de Suecia.

La economía de Suecia

La economía de Suecia es una economía orientada principalmente a la exportación y al comercio internacional. Actualmente su PIB nominal alcanza los 444.585 millones de dólares.

Los 9 millones de habitantes que se reparten entre los 449.964 km² que de suecia tienen un alto PIB per capita de de 52.790 dólares. El trabajador medio después de desgravar impuestos y aportes a la seguridad social solo recibe un 40 % de su salario, por lo que el estado tiene una economía fuerte que reinvierte en el país en innovación y desarrollo asi como a una buena formación de su habitantes, sus problemas con las pensiones de jubilación son mucho menores que otros países europeos.

La madera, la energía hidráulica y el hierro constituyen la base económica del país, junto con el sector de ingenierías que aporta el 50% de la producción y exportaciones. Las telecomunicaciones y la industria automotriz y farmacéutica son también de gran importancia. La agricultura cuenta con sólo el 2% de la fuerza de trabajo.

SUECIA es el país de origen de conocidas multinacionales como Ericsson, Scania, Volvo, Saab, Electrolux, Tetrapac, Ikea ,H&M ...

El foro Económico Mundial considero a Suecia en 2010 al país mas competitivo del mundo.

Historia de la corona Sueca

La corona Sueca se introdujo por primera vez en 1873 para sustituir al riksdaler riksmynt a la par, como resultado de los acuerdos de la Unión Monetaria Escandinava.

El 5 de mayo de 1873 Suecia y Dinamarca se unían para crear una unión monetaria Escadinava mediante la igualación de sus monedas frente al patrón oro. Noruega se unio con Suecia dos años después para fijar en 1875 su moneda al mismo nivel que Dinamarca y Suecia.

En el momento de su adhesión a la Unión, la moneda sueca pasó de ser la Riksdaler Riksmynt a la corona sueca; la corona danesa ya era el nombre de la moneda danesa y cuando Noruega se unió a ellos también existía una corona noruega.

En 1905, la unión política entre Suecia y Noruega llegó a su fin, pero esto no afectó a la unión monetaria; fue el estallido de la Primera Guerra Mundial en 1914 lo que puso fin a esta unión. Suecia la abandonó el 2 de agosto de 1914 y sin un tipo de cambio fijo la libre circulación llegó a su fin. Los tres países siguieron utilizando las mismas monedas que durante la unión monetaria, pero perdieron su paridad uno a uno.

En 2003, Suecia rechazó el euro como moneda a través de un referéndum, por lo que la moneda oficial del país sigue siendo la corona sueca (SEK).

3.9 *El Dolar de Hong Kong (HKD)*

El codigo ISO 4217 del dólar de Hong Kong es HKD.

El dólar de Hong Kong ocupa la novena posición de divisas mas operadas en el mundo, las transacciones con el Dólar de Hong Kong representan alrededor del 2 por ciento de las operaciones en divisas que se realizan a diario en el mundo.

El dólar de Hong Kong es la unidad monetaria de la región administrativa especial China conocida como Hong Kong.

La economía de Hong Kong

Hong Kong es hoy en día uno de los grandes centros financieros de Asia, y su economía es muy dependiente del comercio internacional, en especial del comercio entre China y el resto del mundo.

Hong Kong está considerado uno de los lugares con mayor libertad económica del mundo. Esto quiere decir que existe una gran facilidad para establecer empresas en el territorio y para mover dinero de Hong Kong al exterior. Estas facilidades económicas, unidas a la existencia de un sistema legal de origen británico muy escrupuloso en el respeto de la propiedad privada, contrastan con las dificultades burocráticas y la inseguridad jurídica a la que se enfrentan las empresas internacionales en la China continental, y es la razón principal por la que Hong Kong sigue siendo el principal centro financiero de China. Además.

La economía se basa fundamentalmente en el sector de servicios, que representa más del 80% de la actividad económica en Hong Kong. Los servicios financieros son una de las áreas principales de actividad económica en el Hong Kong actual. La bolsa de Hong Kong es el segundo mayor mercado de valores de Asia, sólo por detrás de la bolsa de Tokio. A pesar de su pequeño tamaño 1.108 km², Hong Kong ocupa el lugar undécimo en el mundo en volumen de operaciones bancarias.

La economía de Hong Kong se vio muy afectada, a diferencia de la de China continental, por la crisis asiática de 1998. Tras varios años de debilidad económica, la economía ha vuelto a crecer a un ritmo altísimo, de un 8,2%. Esta recuperación económica se ha basado en el fuerte crecimiento de la demanda interna y en un factor novedoso: El crecimiento del turismo chino. Las restricciones a la entrada de chinos del continente en Hong Kong se han suavizado en los últimos años, y esto ha aumentado las visitas de los chinos continentales, para los cuales, hasta hace unos años, era enormemente difícil entrar en el territorio de forma legal.

El producto interior bruto de Hong Kong en el alcanza los 300.000 millones de dólares estadounidenses. Esta cifra tan alta se traduce en que sus 7 millones de habitantes cuentan con 42.123 dólares per. Capita una de las rentas más altas del mundo, superando incluso a la mayoría de los países de Europa Occidental.

Historia del dólar de Hong Kong

En Hong Kong como un puerto libre de intercambio no existía ninguna moneda en circulación para las transacciones diarias. En su lugar se utilizaban divisas extranjeras como rupias indias, reales castellanos y mexicanos, cash chinos o libras esterlinas.

En 1863 empezaron a emitirse las primeras divisas locales, el dólar de Hong Kong fijó su tasa de cambio respecto a la plata en 1 HKD por 24,44 gramos de plata pura y se acuñaron las primeras monedas. Los billetes también aparecieron en la misma década, siendo varios bancos privados los encargados de emitirlos.

Las divisas extranjeras siguieron circulando junto al dólar de Hong Kong, sin embargo la mayoría ya no se aceptaban como medio de pago para las transacciones del gobierno. Debido a las pérdidas financieras del pais, la producción de divisas en Hong Kong cerró en 1868 tras dos años de funcionamiento, sus divisas de plata fueron fundidas y las imprentas fueron vendidas a Japón. Para sustituir las monedas locales, se volvieron a utilizar los dólares de intercambio de plata de Estados Unidos, Japón y Reino Unido.

Desde 1895, se empezó a legislar sobre política monetaria. En 1935, el estándar de plata se sustituyó por una tasa de cambio en crecimiento de 1 libra = 15,36 a 16,45 HKD. Ese mismo año entró en vigor la orden que introducía billetes de 1 dólar a cargo del gobierno, además de establecer el dólar de Hong Kong como unidad monetaria, sin embargo no fue hasta 1937 cuando se unificó finalmente. En 1939, se creó una tasa de cambio fija de 16 HKD por libra esterlina (1 dólar = 1 chelín con 3 peniques).

Durante la ocupación japonesa de Hong Kong, se introdujo el yen militar japonés cómo único medio de pago. Cuando se introdujo por primera vez el 26 de diciembre de 1941, el cambio se estableció en 2 HKD por yen. Sin embargo, en agosto de 1942 la tasa se cambió a 4 dólares por yen. El 1 de junio de 1943 el yen se convirtió en la única moneda de curso legal de Hong Kong. La emisión de dinero local la llevó a cabo de nuevo el gobierno de Hong Kong y más tarde los bancos privados tras la liberación, con la misma tasa de cambio de 16 dólares por libra de antes de la guerra. El 6 se septiembre de 1945 todo el dinero japonés se declaró nulo.

En 1967, cuando la libra se devaluó, la tasa de cambio se incrementó de 1 chelín con 3 peniques a 1 chelín con 4½ peniques. En 1972, el dólar de Hong Kong fijó su tasa de cambio respecto al dólar estadounidense a 5,65 HKD = 1 USD. En 1973 esta tasa se revisó quedando en 5,085 HKD = 1 USD. Entre 1974 y 1983, el dólar de Hong Kong se convirtió en una moneda fluctuante. El 17 de octubre de 1983, el dólar de Hong Kong se fijó al dólar estadounidense en 7,80 HKD = 1 USD.

La ley básica de Hong Kong y la declaración conjunta sino-británica establecen que Hong Kong tiene plena autonomía para emitir moneda propia. La moneda la emite el gobierno y tres bancos locales bajo la supervisión de la Autoridad Monetaria de Hong Kong. Un banco puede emitir dólares solamente si tiene su cambio equivalente en dólares estadounidenses en depósito. El sistema monetario de Hong Kong asegura que la totalidad de su sistema está respaldado por dólares estadounidenses con una tasa de cambio fijada. Los recursos para este respaldo se mantienen en el fondo de intercambio de Hong Kong, el cual es una de las mayores reservas oficiales del mundo. Se cree además que Hong Kong tiene uno de los mayores depósitos de dólares estadounidenses, estimado en 700 mil millones de USD.

3.10 La Corona Noruega (NOK)

El código ISO 4217 de la Corona Noruega es NOK. Aunque comúnmente también se abrevia como kr.

La Corona Noruega la décima posición de divisas mas operadas en el mundo, las transacciones con la Corona Noruega representan alrededor del 1.5 por ciento de las operaciones en divisas que se realizan a diario en el mundo.

La Corona Noruega es la divisa oficial usada en Noruega.

La economía de Noruega

Noruega es uno de los mayores exportadores de petróleo del mundo, las exportaciones de petróleo en Noruega representan un 35 % de las exportaciones del país. Por lo que Noruega es un país altamente dependiente de los precios del petróleo a nivel internacional. Además el país se encuentra ampliamente provisto de otros recursos naturales como energía hidráulica, pescado, bosques y minerales.

Noruega cuenta con un territorio de 385.156 km² en el que sus casi 5 millones de habitantes se reparten después de Luxemburgo el segundo PBI Per capita mas grande del mundo. En un país con un PBI de 456.226 millones de dólares sus habitantes disponían de un PBI Per. Capita de 95.062 dólares en el 2008.

Gracias a la gran Nacionalización de las empresas petrolíferas de Noruega, el país cuenta con un superávit fiscal cercano del 10 % del PIB en 2010. Lo que le ayudo a ser uno de los países a los que la crisis suprime no ha afectado y es visto por ciertos expertos inversores como un país refugio.

Historia de la Corona Noruega

Noruega creo y empezó a utilizar la Corona Noruega en 1875 con el fin de unirse a la Unión Monetaria Escandinava en dos años después de su fundación. La Corona Noruega paso a sustituir al speciedaler noruego con una tasa de cambio de 4 coronas por speciedaler. La Unión Monetaria Escandinava netre Dinamarca, Noruega y Suecia llego a su fin en 1914 como consecuencia de la primera guerra mundial.

Dentro de la Unión Monetaria, la corona se mantenía dentro de una base en oro de 2.480 NOK = 1 kilo de oro puro (1 NOK = 403,226 miligramos de oro). Esta base se restauró entre 1916 y 1920, y de nuevo en 1928 pero se suspendió permanentemente en 1931, cuando se estableció una tasa de cambio frente a la libra esterlina de 19,90 NOK por libra. En 1939, Noruega fijó la tasa de cambio de la corona al dólar en 4,40 NOK por dólar.

Durante la ocupación alemana en la II Guerra Mundial, la corona fijó su tasa de cambio al reichsmark en 1 NOK = 0,60 marcos, pero después se redujo a 0,57 marcos. Tras la guerra, se introdujo una nueva tasa de cambio de 20 NOK = 1 GBP (4.963 NOK = 1 USD). La fijación con la libra esterlina se mantuvo en 1949 cuando ésta se devaluó frente al dólar, llegando a una tasa de cambio de 7.142 NOK por dólar. En diciembre de 1992, el Banco Central de Noruega abandonó la tasa de cambio fija en favor de una tasa de cambio fluctuante debido a las duras especulaciones contra la divisa noruega a principios de los años 90, lo que le hizo perder al Banco Central más de 2 billones de coronas para defender la compra de coronas noruegas utilizando reservas de las divisas extranjeras en un corto período.

Noruega optó por permanecer fuera de la Unión Europea durante un referéndum en 1972 y nuevamente confirmándolo en 1994. Básicamente por el alto nivel que goza el país por lo que pasaría a ser un país pagador dentro de la comunidad europea, con lo que sigue usando la Corona Noruega.

Temas 4 : El Análisis

4.1 Que mueve los mercados?

Los precios relativos de las monedas, como en cualquier mercado, fluctúan de acuerdo a las leyes de oferta y demanda. Estas igualmente están expuestas a un sin número de variables macroeconómicas y especialmente a políticas monetarias de los países involucrados.

Entre las principales variables que afectan el mercado se cuentan las tasas de interés, pues estas definen que moneda reditúa más valor que su relativa (o con quien se compara). La balanza comercial de los países y su correspondiente flujo de dinero. Su situación fiscal, su productividad, nivel de empleo etc.

Hay dos maneras principales para analizar a los mercados financieros:

• **El análisis fundamental.**- Basado en movimiento originado por noticias o acontecimiento y eventos y resultado económicos.

• **El Análisis técnico.**- Usa precios históricos para predecir movimientos futuros, con la ayuda mayoritariamente del uso y estudio de elementos gráficos.

La validez de cada uno de estos sistemas a sido un punto de debate frecuente entre los analistas de los mercados diferentes mercados financieros.

En el mercado cambiario del Forex varios estudios llegaron a la conclusión de que el análisis fundamental era más efectivo para predecir las tendencias a largo plazo (más de un año), mientras que el análisis técnico era más conveniente para períodos de tiempo más cortos (0-90 días). Para los períodos de entre 3 meses y un año se sugirió que la combinación de ambos enfoques era lo más indicado.

Es importante tener en cuenta ambas estrategias, ya que el análisis fundamental puede explicar los movimientos del análisis técnico tales como las rupturas o el cambio de rumbo de las tendencias. El análisis técnico puede explicar el análisis fundamental, especialmente en mercados tranquilos, que causa resistencia en tendencias o movimientos inexplicables.

De este modo, los operadores con una inclinación técnica prestan atención a las reuniones de los bancos centrales, tomando en cuenta los informes sobre empleo y prestan atención a las últimas cifras de la inflación. De manera similar, los operadores inclinados hacia el análisis fundamental con frecuencia intentan calcular los niveles de soporte superior e inferior, y determinan el porcentaje de formaciones de retroceso.

Los factores fundamentales y técnicos son indudablemente esenciales para determinar la dinámica cambiaria. Sin embargo existen dos factores adicionales que son primordiales para entender los movimientos a corto plazo en el mercado. Éstos son las expectativas y el sentimiento.

Las expectativas se forman antes de la publicación de estadísticas económicas y datos financieros. Prestar atención solamente a las cifras publicadas no es suficiente para captar el curso futuro de una moneda.

Sin embargo, las expectativas pueden ser sustituidas por el sentimiento de mercado. Esta es la actitud preponderante del mercado respecto de un tipo de cambio; la que podría ser un resultado del cálculo económico total respecto del país en cuestión.

Una divisa puede subir frente a otra porque los inversores piensan que van a subir en un futuro, o bajan porque piensan que van a bajar.

A partir de la interpretación de los datos económicos del entorno, así como de los de la propia divisa, y la combinación de conclusiones racionales e intuitivas, los inversores se crean sus propias expectativas.

Y lo que los inversores tratan de hacer es adelantarse al mercado, ni más ni menos. Si el mercado pensara lo mismo que ellos, no existiría un recorrido en los precios, éstos ya incorporarían las expectativas citadas, y no habría margen de beneficio.

La cuestión, pues, es ganar al mercado, anticipándose al mismo. Para ello hay que leer las señales del entorno, del propio mercado financiero y antes que las lean los demás, y hay que acertar en la dirección de los cambios futuros.

Pero, ¿quien actúa e interviene operando en los mercados? ¿Son todos los inversores iguales? No. Hay grandes inversores institucionales, y hay pequeños inversores privados. Los primeros mueven grandes sumas de dinero, suelen invertir a largo plazo, y se mueven principalmente en base al análisis de la evolución de los fundamentos económicos (los datos), y menos por impresiones subjetivas o emociones, aunque éstas también cuentan. Son los que realmente influyen en las cotizaciones. Los pequeños inversores tienden a invertir de un modo más emocional y con un horizonte más de corto plazo, y su influencia en los precios es lógicamente, menor.

Es decir, es principalmente la racionalidad la que mueve las cotizaciones a largo plazo.

Profundizando un poco más, ¿en base a qué deciden sus inversiones en forex los pequeños inversores? Lo que está claro es que éstos no son capaces de ponerse a calcular los valores intrínsecos de las compañías cotizadas. Sólo los grandes inversores, con analistas profesionales y gran cantidad de información tanto técnica como sobre todo fundamental, pueden ponerse a calcular el valor intrínseco de una divisa.

Los inversores privados mayoritariamente especulan con el precio, y actúan por intuición. No pueden calcular el valor sino estiman o intuyen las futuras cotizaciones del valor de las divisas.

¿De qué parten los pequeños inversores privados? De los consejos de los profesionales, más o menos estereotipados, y de la información económica general, que interpretan de mejor o peor forma. Con todo ello establecen su propia pauta de actuación, y ordenan sus operaciones.

Se suelen dejar llevar por la opinión más o menos general, aunque siempre presumen que ellos están mejor informados que los demás. Es la esencia del proceso de inversión, que ya hemos dicho que exige adelantarse a los demás, y acertar en la dirección, lo que hace presumir que se dispone de mejor información que los otros o de que se sabe interpretarla mejor que los demás.

4.2 El Análisis fundamental

El precursor del análisis fundamental fue Benjamin Grahan, cuya escuela de pensamiento se impuso entre todos los gestores de inversión de los años cincuenta y sesenta. La ciencia de Grahan consistía en el llamado "Security Analysis", análisis de valores, y buscaba entender y valorar las empresas a partir de sus datos contables - financieros.

La escuela de Grahan trabajaba con una serie de ratios típicos que facilitaban la valoración de las empresas. Argumentos tales como "Comprar un valor cuando cotice por debajo del 50% de su fondo de maniobra y venderlo cuando supere el 100%", eran razonamientos muy corrientes en aquella época.

Actualmente, al existir diversos sectores económicos, no se puede hablar de reglas generales, ya que los criterios generales de valoración y análisis no pueden aplicarse de forma global a todos los valores. Por ejemplo, no es posible aplicar los mismos criterios a la empresas de servicios públicos, que a las eléctricas, bancos, inmobiliarias o una empresa industrial. Por esta razón no es posible hablar de un análisis fundamental general, sino mas bien se "submetodologias" en función del sector que se pretenda analizar.

En el mercado de las divisas (forex) el análisis fundamental se concentra en las teorías financieras y económicas, así como también en los desarrollos políticos, para determinar las fuerzas de la oferta y la demanda de divisas. Comprende la revisión de los indicadores macroeconómicos, los mercados de valores y las consideraciones políticas (éstas últimas influyen en la confianza en los gobiernos y el clima de estabilidad de los países). Entre los indicadores macroeconómicos más importantes destacan las tasas de crecimiento, las mediciones del Producto Interior Bruto, los tipos de interés, la inflación, la tasa de desempleo, la masa monetaria, las reservas de divisas extranjeras y la productividad.

En ocasiones, los gobiernos intentan influir en las fuerzas del Mercado interviniendo para evitar que sus divisas se aparten de los niveles deseados. Las intervenciones en el Mercado Forex son realizadas por los bancos centrales y pueden tener un impacto notable, si bien temporal. En efecto, un banco central puede entrar en el Mercado Forex como un inversor más, comprando o vendiendo su divisa frente a otra, o bien involucrarse en una intervención coordinada con otros bancos centrales para producir un efecto mucho más pronunciado. Alternativamente, algunos países influyen sobre las cotizaciones simplemente dejando entrever la posibilidad de una intervención, o amenazando con una.

El Mercado Forex recoge las expectativas que los inversores tienen sobre la evolución de los precios de las divisas. Los factores macroeconómicos, las noticias respecto a una divisa, o los sucesos que ocurren en el país de dicha divisa son determinantes en la evolución de su cotización. Los inversores buscan constantemente pistas en los datos macroeconómicos para predecir el comportamiento de las divisas y adelantarse al Mercado. Sin embargo, muchas veces, cuando salen, las noticias ya están "descontadas" por el Mercado y no producen el efecto esperado. De ahí el popular consejo: *"Compra con el rumor y vende con la noticia".*

Los Gobiernos publican con una periodicidad establecida la evolución de sus principales variables macroeconómicas. Los inversores en el Mercado Forex se anticipan a éstas con sus propias estimaciones, y los precios de las divisas incorporan estas expectativas. Cuando se publica un dato que no coincide con el consenso del Mercado, se producen movimientos bruscos que pueden originar fuertes plusvalías.

A continuación vamos a conocer los principales indicadores en el análisis fundamental en el forex:

1. Crecimiento de la economía

Los gobiernos suelen publicar trimestralmente la cifra de crecimiento del Producto Interior Bruto (PIB). Es una variable fundamental, ya que es la medida más global de una economía. En ciclos económicos expansivos de crecimiento, existe una mayor renta disponible que a su vez implica un mayor consumo y ahorro. Por otra parte, las empresas se ven favorecidas por el incremento del consumo privado y de la inversión. Sin embargo, un exceso en crecimiento podría traducirse en tensiones inflacionistas y subidas de tipos de interés. En principio, un PIB más alto del previsto empujará la cotización de la divisa del país al alza, mientras que un PIB menor la empujará a la baja.

2. Evolución de los precios: Inflación

La apreciación o depreciación de una divisa frente a otra se ve neutralizada por un cambio en el diferencial de los tipos de interés. En principio, las divisas con tipos de interés más altos se aprecian debido a la contención futura de la inflación y a la mayor rentabilidad que ofrece dicha divisas. Esta variable macroeconómica se sigue mes a mes. Un IPC mayor del previsto empujará al tipo de cambio al alza, mientras que si es menor de lo previsto lo empujará a la baja.

3. Paro

Es un indicador difícil de prever. Tiene un peso político importante y una repercusión inmediata en el nivel de renta disponible y consumo de las familias. Si los datos del empleo no agrícola son mayores que los estimados, ello empujará la cotización de la divisa del país al alza en relación al resto de las divisas. Si la tasa de paro es menor que la estimada, ello favorecerá una apreciación de la divisa del país. Y lo mismo ocurre con el indicador de las "Ganancias Horarias".

4. Balanza de Pagos

Idealmente, el nivel de equilibrio de una cotización es aquel que produce un saldo de la cuenta corriente estable. Un país con un déficit comercial experimentará una reducción de sus reservas de divisas, lo cual, en última instancia, disminuye (deprecia) el valor de su divisa. Una divisa más barata hace que las exportaciones del país sean más accesibles en el exterior, al mismo tiempo que encarece las importaciones. Después de un período intermedio, las importaciones se ven reducidas, mientras que las exportaciones aumentan, estabilizándose de esa forma la balanza comercial y la divisa hacia el equilibrio.

5. Flujo de capital

El flujo de capital mide el importe neto de una moneda que está siendo comprada y vendida debido a inversión de capital. Un balance positivo del flujo de capital implica que la entrada de capital del extranjero de inversiones físicas o de cartera exceda la salida de capital. Un balance negativo de flujo de capital indica que hay más inversiones físicas o de cartera realizadas por inversionistas locales que por inversionistas extranjeros.

El flujo de capital puede ser clasificado en tres categorías:

Flujo Físico:

El flujo físico de capital se divide típicamente en tres categorías:

• Inversión extranjera directa – constituye una inversión extranjera completamente nueva.

• Sociedad Conjunta – una sociedad entre una entidad extranjera y una local.

• Acuerdos de licencias con terceros – La compra de aplicaciones patentadas de software, procesos comerciales y marcas.

Es importante observar el flujo físico, ya que representa los cambios subyacentes en la presente actividad de inversión física. Este flujo varía en respuesta a los cambios de la salud financiera y oportunidades de crecimiento de cada país. Los cambios en las leyes locales que estimulan la inversión extranjera, también ayudan a promover el flujo físico.

Flujo de Cartera:

a) Mercados de valores:

La evolución de las monedas está demostrando cada vez en mayor medida una fuerte correlación con los mercados de activos, en particular con las acciones.

A medida que la tecnología facilita la transferencia de capital, invertir en los mercados globales de acciones se ha hecho más factible. Por consiguiente, un mercado accionario en alza en cualquier parte del mundo sirve como una oportunidad ideal para todos los inversionistas, sin importar la ubicación geográfica. Como resultado, se ha desarrollado una fuerte correlación entre el mercado de acciones de un país y su moneda. Si el mercado de acciones está subiendo, las inversiones de dólares llegan para aprovechar la oportunidad. Alternativamente, los mercados de acciones bajistas tendrán inversionistas locales vendiendo sus acciones de compañías que cotizan en bolsa, sólo para aprovechar las oportunidades de inversión en el extranjero.

En términos de fuerza relativa, la evidencia histórica muestra que cuanto más fuerte sea el desempeño del mercado de acciones de un país, más fuerte será la valorización de su moneda.

La atracción de los mercados de capital sobre los mercados de renta fija ha incrementado a través de los años. Desde el principio de la década de los 90, la proporción de las transacciones extranjeras de los bonos del gobierno de los Estados Unidos relacionada con las acciones de EE.UU. ha descendido de 10:1 a 2:1. Como resultado, los operadores de divisas siguen de cerca el mercado global de acciones para predecir a corto y mediano plazo el flujo de capital basado en acciones. Los índices de acciones observados más comúnmente son: el Índice Industrial Dow Jones (Dow), S&P 500, NASDAQ, NIKKEI, DAX y FTSE.

b) Mercados de Renta Fija:

Así como el mercado de valores está correlacionado con el movimiento de la tasa de cambio, lo mismo ocurre con los Mercados de Renta Fija. En tiempo de incertidumbre mundial, las inversiones de renta fija pueden convertirse particularmente atractivas, debido a la seguridad inherente que proporcionan. Como resultado, las economías que se jacten de tener las oportunidades más valiosas de renta fija atraerán mayores acciones provenientes de inversiones extranjeras; y naturalmente esto requerirá primero comprar la moneda respectiva del país.

El rendimiento a corto y largo plazo de los bonos de gobiernos internacionales es un buen indicador del flujo de capital de rentas fijas. Es importante monitorear el spread diferencial entre los Pagarés del Tesoro de EE.UU. a 10 años y los bonos extranjeros. La lógica atrás de esto es que los inversionistas extranjeros tienden a colocar sus fondos en los países con los activos de más alto rendimiento. Por lo tanto, si lo activos de EE.UU. tiene uno de los rendimientos más altos, esto alentará más inversiones en los instrumentos financieros de EE.UU., beneficiando por lo tanto al dólar estadounidense. Los inversionistas también pueden utilizar los rendimientos a corto plazo como ser los spreads en pagarés del gobierno a 2 años para estimar el flujo a corto plazo de los fondos internacionales. El rendimiento de los spreads actuales es aproximado

Flujo de Comercio: Medición de Exportaciones vs. Importaciones

El flujo del comercio es la base de todas las transacciones internacionales. Así como el ambiente de inversión de cualquier economía determinada establece la valorización de su moneda, el flujo del comercio representa el balance comercial neto de un país. Los países que son exportadores netos, lo cual quiere decir que exportan más a los clientes internacionales de lo que importan de productores internacionales, experimentarán un superávit comercial neto. Aquellos países con un superávit comercial neto están más propensos al aumento de la valorización de su moneda ya que su moneda se compra más de lo que se vende debido a la fuerte demanda inherente de la moneda para propósitos comerciales.

Los países que son importadores netos (que hacen más compras internacionales que ventas internacionales) experimentan lo que se llama un déficit comercial lo cual tiene el potencial para producir un declive en el valor de la moneda. Para formar parte del comercio internacional, los importadores deben vender su moneda para comprar mercancía o servicios. Claramente, un cambio en el balance de pago tiene un efecto directo en los niveles de la moneda. Por lo tanto, es importante para los operadores mantenerse al tanto de los datos económicos relacionados con este balance y comprender las consecuencias de los cambios en el balance de pago.

4.3 El análisis técnico

El padre del análisis técnico bursátil fue Charles H. Dow a finales del siglo XIX. El análisis técnico usa precios históricos para predecir movimientos futuros, con la ayuda mayoritariamente del uso y estudio de elementos gráficos.

Los métodos de análisis de Dow sólo se basan en el comportamiento de los inversores, en su psicología y en el movimiento de los precios, por lo tanto es una teoría puramente técnica. Siempre que el análisis se base exclusivamente en el movimiento de los precios estamos haciendo un análisis técnico.

Con el Análisis Técnico se intenta recopilar información exclusivamente por el movimiento de los precios, y su principio más firme es que los mercados actúan por tendencias y que el estado de ánimo, la información de la que disponen los inversores, en resumen, todo lo que influye en el comportamiento de los precios está expresado en el gráfico.

El análisis técnico se basa en tres premisas:

• La cotización evoluciona siguiendo unos determinados movimientos o pautas.
• El mercado facilita la información necesaria para poder predecir los posibles cambios de tendencia.
• Lo que ocurrió en el pasado volverá a repetirse en el futuro

Una de las grandes ventajas del Análisis Técnico es que todos los factores que afectan a los precios de las divisas (incluido factores subjetivos como las esperanzas y los sentimientos -racionales e irracionales- de millones y millones de participantes en el Mercado) se expresan finalmente en un solo elemento que representa el consenso entre compradores y vendedores en un momento dado. Este elemento es la cotización, en la cual se sintetizan, además, todas las expectativas y estimaciones futuras que los inversores pueden percibir sobre cada divisa en particular y que, finalmente, determina su precio.

A pesar de que la mayoría de los traders Forex usan el análisis fundamental para respaldar su estrategia de trading, también se apoyan fuertemente en el análisis técnico. El principal problema con el análisis fundamental es que este requiere un detallado conocimiento de las condiciones políticas y económicas de un gran número de países y, para la mayoría de los traders, esto es sencillamente poco práctico. Por otro lado, el análisis técnico puede ser aplicado a muchos mercados y divisas al mismo tiempo.

Si es nueva/o en el mercado Forex quizás encuentre desalentadora la complejidad del análisis técnico y se pregunte si es realmente necesario.

Como con casi cualquier forma de inversión, debe tener una estrategia de trading y esa estrategia debe basarse en una predicción de los movimientos del mercado. El análisis técnico ha demostrado a lo largo del tiempo ser una herramienta legítima y suficientemente precisa para predecir esos movimientos. Por supuesto nada le garantiza un 100% de precisión ya que el precio de las divisas se ve afectado por una variedad de diferentes factores. Es por esta razón que a pesar de que los traders usan el análisis técnico, también respaldan sus estrategias con el análisis fundamental.

Es muy importante saber que un uso de un análisis técnico demasiado complicado no garantiza una mayor efectividad y mayoritariamente con las bases técnicas podemos obtener óptimos resultados por lo que es necesario aplicar y conocer las líneas básicas del análisis técnico.

Las Tendencias

El concepto sobre el que se apoya toda la teoría del análisis técnico es el de la tendencia. La experiencia nos dice que los mercados se mueven por tendencias, y la labor del inversor es, básicamente, identificarlas, y analizar aquellos factores que puedan sugerir un giro.

El análisis de la tendencia es absolutamente indispensable para entender y operar con éxito en el Mercado Forex. Recordemos que una de las grandes ventajas de este Mercado es que es posible ganar tanto en un mercado alcista como en un mercado bajista, pues la compra de una divisa equivale a estar vendiendo su contraparte. Las líneas de tendencia son herramientas simples pero útiles para confirmar la dirección de las tendencias del mercado.

Soporte y Resistencia

Los niveles de soporte y resistencia son valores en los cuales los operadores coinciden en la cotización. Un nivel de soporte es por lo general el punto mínimo en cualquier modelo de gráfico (por hora, semanalmente o en forma anual), mientras que un nivel de resistencia es la cotización máxima o el punto máximo del modelo. A estos puntos se los identifica como nivel de soporte y nivel de resistencia cuando muestran una tendencia a reaparecer.

Líneas y Canales

Las líneas de tendencia son herramientas simples pero útiles para confirmar la dirección de las tendencias de mercado. Se dibuja una línea recta hacia arriba al conectar al menos dos bajas sucesivas. Naturalmente, el segundo punto debe ser más alto que el primero. La continuación de la línea ayuda a determinar el trayecto a lo largo del cual se moverá el mercado.

Promedios

Los promedios variables indican el precio promedio en un determinado momento sobre un período de tiempo definido. Se los llama variables porque reflejan el último promedio, mientras que se adhieren a la misma medida de tiempo.

Con todas estas herramientas, se intenta estudiar la psicología de la masa que opera en el Mercado Forex, detectando estados de excesiva euforia o desánimo. La experiencia muestra que el estado de ánimo de los operadores se repite cíclicamente, un conocimiento del desarrollo de los precios y de las fases del Mercado nos dan una idea de la futura evolución de los precios.

Tema 5 : Soportes, resistencias y líneas de tendencias

5.1 Soportes y resistencias

Los conceptos de soporte y resistencia son piezas clave del análisis técnico de mercados financieros. Un soporte es un nivel de precio por debajo del actual, en el que se espera que la fuerza de compra supere a la de venta, por lo que un impulso bajista se verá frenado y por lo tanto el precio repuntará. Normalmente, un soporte corresponde a un mínimo alcanzado anteriormente.

Una resistencia es el concepto opuesto a un soporte. Es un precio por encima del actual en el que la fuerza de venta superará a la de compra, poniendo fin al impulso alcista, y por lo tanto el precio retrocederá. Las resistencias se identifican comúnmente en una gráfica como máximos anteriores alcanzados por la cotización

Los niveles de soporte y resistencia son valores en que los gran cantidad de operadores coinciden en una cotización, muchas veces estos niveles coinciden con cotizaciones psicológicas con el par de divisa en una cotización cercana a un numero exacto (1.3000 , 1.4500, 1.3500…).

Los niveles de soporte y resistencia suelen repetirse a lo largo del tiempo si en un par de divisas su precio se vio frenado durante un tiempo en un soporte o una resistencia al volver a cotizaciones cercanas seguramente que los operadores vuelvan a tener respeto por dichos niveles y el precio vuelva a verse frenado en esos puntos por ello es importante observar los gráficos para conocer los puntos de soporte en los que una cotización se vio detenida varias veces en el pasado, cuando mas cercano en el tiempo se encuentre dicho nivel de soporte o resistencia mas fuerza tendrá y peso psicológico en los inversores que dudaran antes de continuar con la tendencia.

Entendemos entonces que un nivel de soporte y resistencia es un punto en los precios donde los inversores coinciden y el interés comprador o vendedor del inversor se desvanece ante una posible ralentización temporal del la tendencia que se iba siguiendo.

Muy a menudo en los niveles de soporte y resistencia el interes comprador de los inversores desvanece por que los inversores piensan que la divisa esta muy cara o devaluada según el caso, en esos puntos la oferta pasa a ser mayor que la demanda y el precio rebota. En cambio cuando se produce una ruptura de un resistencia o soporte el precio aumenta o disminuye respectivamente puesto que entran al mercado mas y mas inversores para capturar la acción.

¿Para qué sirven?

Los soportes y resistencias sirven para indicar zonas de entrada y salida de las posiciones.

Marcan una de las vertientes psicológicas del mercado: un soporte se interpreta como un nivel relativamente barato y una resistencia como un nivel relativamente caro.

Un soporte dentro de una tendencia alcista debe servir para acumular posiciones.

Una resistencia dentro de una tendencia bajista como nivel de venta.

Interpretación en gráficos

Un soporte es un nivel de precios en el que se detiene la caída de la cotización y ésta rebota nuevamente al alza

El mercado, entendido como la voluntad de millones de inversores, considera que es un nivel de precios muy bajo, por lo que cuando la cotización alcanza ese valor, las compras se disparan.

SOPORTE

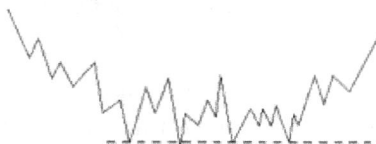

Una resistencia es un nivel de precios en el que se detiene la subida de la cotización y ésta rebota hacia abajo.

El mercado considera que es un nivel de precios muy alto, por lo que cuando la cotización alcanza ese valor, las ventas se disparan.

RESISTENCIA

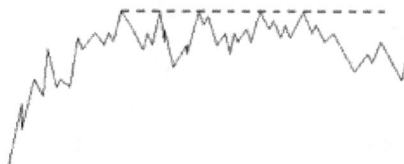

¿Quién fija los soportes y las resistencias?

El propio mercado fija los limites de soporte y resistencia no es que los inversores se pongan de acuerdo, simplemente que coinciden en la valoración que realizan, al entender que un precio es muy elevado (resistencia), o que un precio es muy bajo (soporte)

Los soportes y las resistencias se detectan al analizar el gráfico de la evolución de la cotización, donde se puede ver como hay niveles donde la subida de la cotización se detiene y otros en los que se frena la caída.

Los soportes y resistencias tienen una duración determinada, ya que llega un momento donde la cotización termina superándolos.

Podemos encontrar también los soportes y resistencias mobiles en tendencias.

Si la tendencia es alcista los soportes y resistencias serán cada vez más altos.

TENDENCIA ALCISTA

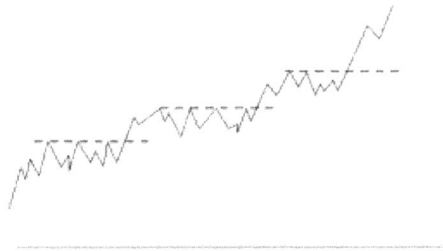

Mientras que si la tendencia es bajista los soportes y resistencias serán cada vez más bajos.

TENDENCIA BAJISTA

Cuando los soportes y las resistencias son atravesados con cierta fuerza suelen cambiar de papel: el soporte se convierte en resistencia y viceversa.

SOPORTE SE CONVIERTE EN RESISTENCIA

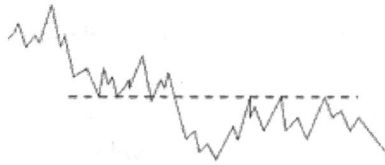

RESISTENCIA SE CONVIERTE EN SOPORTE

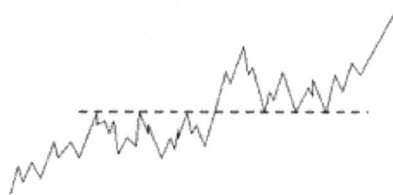

Fortaleza relativa de los niveles de soporte y resistencia

Algunos analistas clasifican los soportes y resistencias como fuertes, medios o débiles. Aunque hay cierta polémica sobre la validez de esta clasificación, existen criterios para determinar el nivel de fortaleza de un soporte o resistencia:

1.-Un soporte (resistencia) se considera más fuerte cuantas más veces haya sido probado sin que el precio haya bajado (o subido) de ese nivel.

2.-Un nivel de soporte (resistencia) se fortalece conforme el precio se aleja de él (ella) después de haberlo probado. Si el precio repunta el 10% después de haber probado un soporte, éste se considera más fuerte que si solamente hubiera repuntado 6%.

3.-Un soporte (resistencia) que ha permanecido vigente durante más tiempo se considera más fuerte que uno que se ha formado recientemente. Una resistencia que ha permanecido vigente durante cinco años se considera más fuerte que una que solamente lo ha sido por unos cuantos días.

¿Qué ocurre cuando se superan estos niveles?

Cuando se perfora un soporte, a continuación la cotización suele caer con fuerza: la acción ha roto una barrera que se ha encontrado en su bajada, y una vez superada ésta, cae libremente.

Cuando se supera una resistencia, la cotización también suele subir con fuerza.

Aspectos claves técnicamente:

Los aspectos claves para determinar la importancia o validez de un Soporte/Resistencia son:

1- El volumen que se ha negociado en el nivel de precios.

2- Su proximidad en el tiempo.

3- Al igual que las líneas de tendencia presentan la característica de la reversibilidad: un soporte que se rompe pasa a convertirse en una resistencia; una resistencia que se supera pasa a convertirse en un soporte.

4- Se debe comprar en las cercanías del soporte y vender en las cercanías de la resistencia.

5- Los stops debe de colocarse ligeramente por debajo de los niveles de soporte y ligeramente por encima de los niveles de resistencia.

5.2 Las tendencias

La línea de tendencia básica es una de las herramientas técnicas más simples que utiliza un operador, y también es una de las más valiosas en cualquier tipo de operación técnica.

La tendencia es simplemente la dirección general en la cual se están moviendo los precios, las cuales pueden ser:

- Alcista
- Bajista
- Neutra

En el mercado cambiario (forex), es posible obtener ganancias en cualquier de estas tendencias, ya que uno compra y vende una divisa frente a otra.

Ejemplo: Compro dólar estadounidense vendo yen japonés

Tendencia alcista

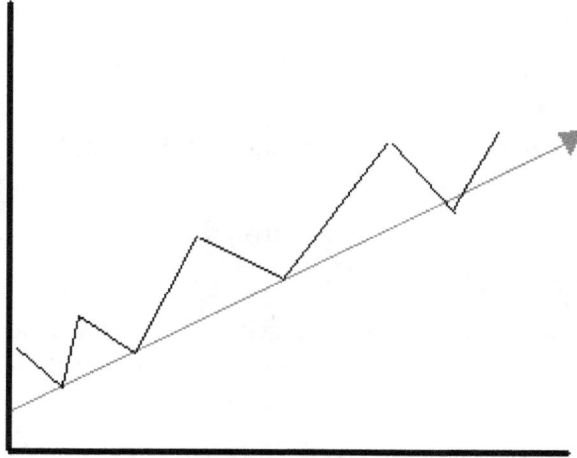

Cuando la tendencia es alcista el dólar estadounidense se aprecia en valor al yen.

Cuando es una tendencia alcista se puede observar en un grafico como el precio va subiendo a lo largo del tiempo.

Tendencia bajista

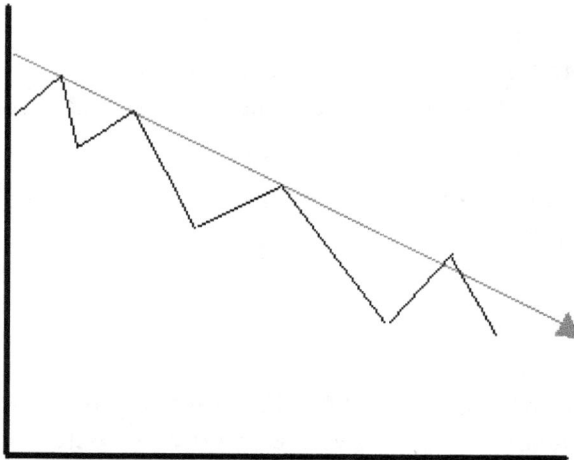

Cuando la tendencia es bajista el dólar estadounidense se desprecia en valor .

Cuando es una tendencia bajista se puede observar en un grafico como el precio va bajando a lo largo del tiempo.

Tendencia horizontal

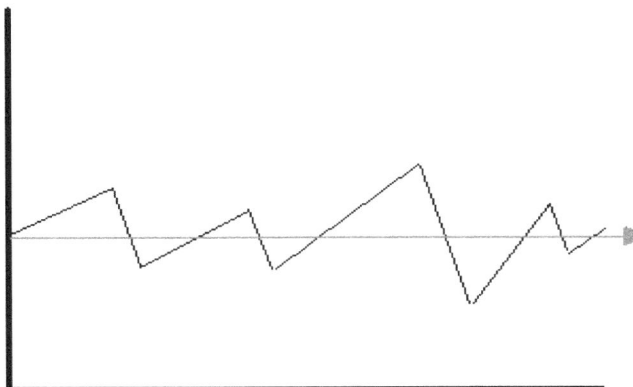

Los precios se mueven dentro de un margen estrecho (las divisas no se aprecian ni deprecian en valor.

Dentro de una tendencia alcista puede haber una tendencia bajista y al contrario, pero siempre hay que tener en cuenta que cuando mas clara sea a lo largo del tiempo mas dura será la tendencia.

Nuestras inversiones mayoritariamente siempre se realizaran a favor de la tendencia mas fuerte, pero también podrían obtener beneficios si comprasen o vendiesen a más corto plazo a fin de aprovecharse de las oscilaciones que tienen lugar dentro de dicha tendencia.

Lineas y canales

Mediante la representación grafica podemos interpretar y ubicar los canales de tendencia los cuales contienen la evolución de los precios.

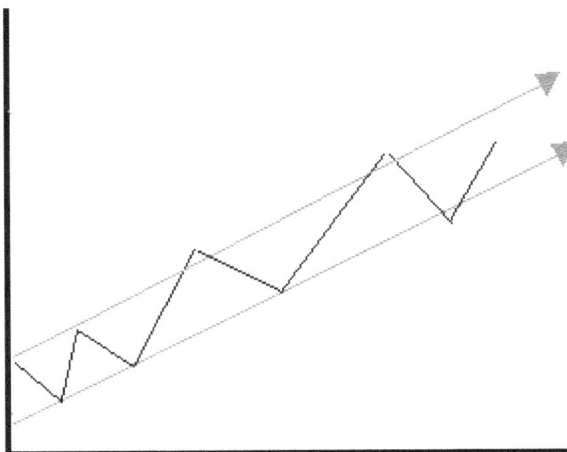

En un tendencia alcista encontraremos opciones de compra cuando el precio toque el precio interior del canal y de venta cuando toque la línea superior.

En el siguiente grafico podemos ver un canal alcista con los puntos delimitados de alcistas y de retroceso.

En una misma tendencia alcista podemos encontrar otra bajista segundaria y al contrario en una tendencia primaria bajista podremos encontrar canales bajistas.

En el siguiente grafico podremos observar una clara tendencia alcista delimitada por un canal en rojo y dos tendencias bajistas mas cortas dentro de un canal azul.

5.3 *Identificación del final de una tendencia*

Al operar con tendencias es fundamental el determinar cuando va a invertir su signo de desarrollo. El punto de inflexión en el comportamiento de la tendencia es conocido como reversión, vuelta o rotura.

Para identificarla es importante vigilar los sucesivos niveles, máximos y mínimos que se van alcanzando en cada movimiento. Generalmente, en una tendencia alcista, el movimiento de los precios tiende a marcar altos que cada vez son más altos y bajos que cada vez son menos bajos.

En el momento en el que se observe que un nuevo alto asome por la línea de tendencia trazada se esta produciendo una reversión. Siempre ha de estar muy atento e identificar los cambios de tendencia y será preciso recordar:

• En la línea de tendencia de movimiento bajista (línea que une los sucesivos altos de ese movimiento) se produce la rotura de la tendencia cuando un nuevo alto desborda hacia arriba la línea.

• En la línea de movimiento alcista (línea que une los sucesivos bajos), se produce la rotura de la tendencia cuando un nuevo bajo desborda la línea hacia abajo.

Es necesario comentar que estas reglas no son infalibles, porque puede darse en una determinada tendencia, los precios dejan de alcanzarse durante algunas sesiones niveles más extremos que los que les precedían, sin que ello quiera decir necesariamente que la tendencia ha terminado, y ni siquiera que vaya a terminar pronto.

A veces ocurre que el precio de un valor, que hasta ese momento había demostrado una cierta tendencia, llega a un nivel extremo que hace creer al inversor que la tendencia no va a variar, y de repente el precio comienza a moverse con fuerza en sentido opuesto. Cuando sucede esto en la misma sesión, se denomina a ese día como día de reversión o día de vuelta. Esto puede ocurrir tanto si la tendencia hasta ese momento era alcista, como si era bajista.

Los días de reversión indican un cambio de actitud en los inversores o un cambio en la relación de fuerzas entre compradores y vendedores y es lo que hace que el sentido del movimiento de un mercado se invierta (o se detenga).

Los días de reversión pueden denotar un cambio muy importante y significativo en la tendencia de los valores de cara al futuro inmediato. En este caso, el día de reversión se llama día clave de reversión.

El inversor ha de asegurarse de que es un día de reversión clave si examina lo que ha sucedido en el mercado desde fechas anteriores, pero también se dispone de otros indicios que le permite asegurarse si es día clave. Estos indicios son:

• Que ese día ha tenido lugar un volumen de contratación alto en relación a las fechas anteriores.

• Que el alto de ese día ha penetrado claramente sobre los altos de los días precedentes, antes de que el precio se hundiera, o que el bajo de ese día ha ocupado una posición por debajo de los bajos de los días precedentes, antes de que el precio se disparase hacia arriba.

5.4 Como se trazan las tendencias

Para trazar una tendencia debemos unir los puntos relativos con una linea.

En el caso de una tendencia alcista como mínimo 2 puntos en los valles de la tendencia para trazar dicha línea y un tercer punto de apoyo que confirmara la validez de dicha tendencia.

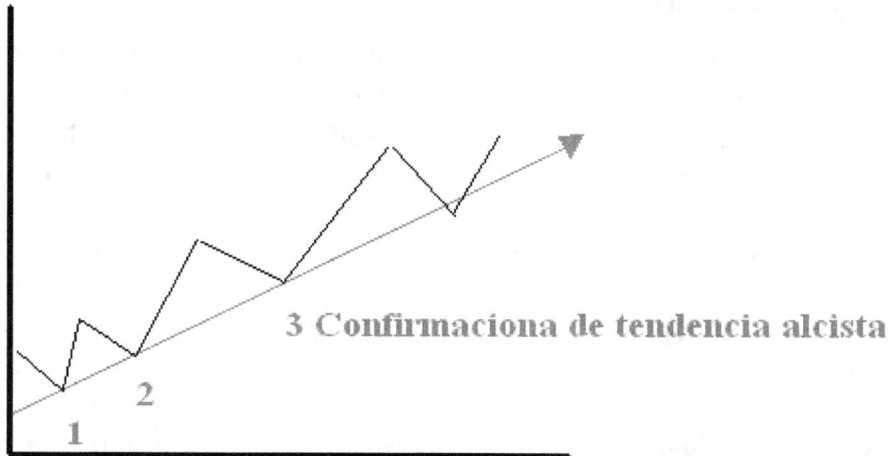

3 Confirmaciona de tendencia alcista

En las tendencias bajistas necesitaremos al igual que en la alcista 2 puntos y un tercero para confirmar la tendencia, pero esta linea se trazara en la parte superior de la montaña.

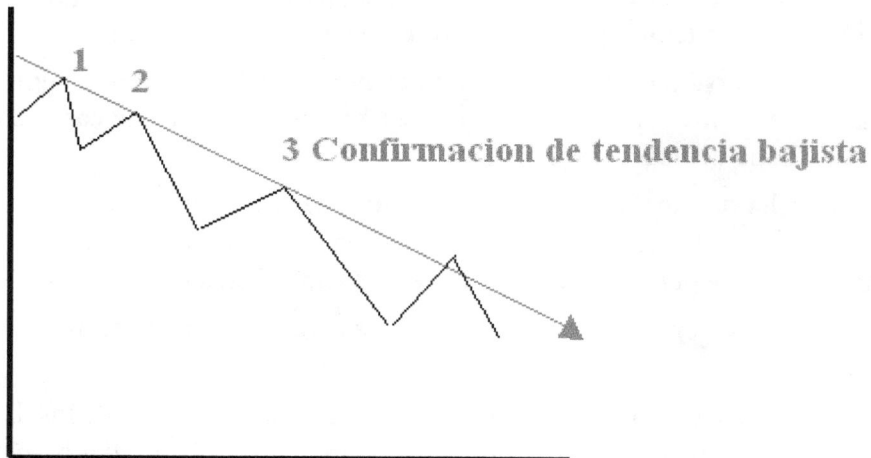

3 Confirmacion de tendencia bajista

5.5 El Inversor frente a las tendencias

Los inversores al encontrarse con una tendencia debe saber esperar y conocer el preciso momento para poder entrar en la operación, en el que mercado nos lance un mensaje importante (una señal de compra o de venta).

Es común que multitud de inversores esperen el punto de confirmación de una tendencia para entrar en la misma, por lo que una vez confirmada esta, multitud de operadores entrarían invirtiendo a favor de la tendencia creando un comportamiento de aceleración de la misma temporalmente.

Entonces llegan los problemas de ansiedad, el inversor quiere incorporarse como sea a una subida tan fuerte y lo hace a cualquier precio, con el riesgo de comprar en el techo.

La precipitación de entrar en una tendencia nos puede provocar una predicción errónea de la misma y que no entremos en el momento que se diesen las condiciones óptimas para obtener el máximo resultado.

En cambio la demora en entrar en la misma podría ocasionarnos entrar cerca del punto de reversión de esta.

Es necesario disponer de la suficiente tranquilidad para poder evaluar nuestra operación antes de incorporarnos a una tendencia y nunca dejarnos guiar por movimientos de la misma rápidos no justificados e inesperados.

No abrir una operación a favor de una tendencia por prudencia, nunca debe resultar un problema psicológico si no de prudencia.

El mercado da segundas oportunidades. En ocasiones se abren ventanas para incorporarse a una tendencia en curso antes de que se nos escape definitivamente. Normalmente, estas oportunidades se presentan en forma de corrección de la tendencia que ya ha arrancado, que lleva a los precios a las cercanías del precio inicial de activación o del nivel de stop.

Tema 6 : Análisis Chartista

6.1 Introducción al análisis chartista

Las Formaciones Chartistas o figuras de precios obedecen a otra de las premisas del Análisis Técnico: "El mercado tiene memoria y la historia se repite".

Son una serie de patrones que se repiten en toda la historia gráfica (en diferentes mercados y épocas y activos) y que a través de ellos es posible determinar con una cierta fiabilidad hacia donde va a seguir la evolución en el precio.

Estas figuras se dan porque los mercados no cambian de dirección de forma repentina. El cambio de sentimiento suele tardar tiempo en producirse.

Estas figuras permiten confirmar los cambios de tendencia y determinar y fijar objetivos en los precios.

Existen dos categorías principales de figuras en el análisis de formaciones chartistas:

Formaciones de cambio de tendencia:

Las formaciones de cambio de tendencia son aquellas que aparecen en los finales de las tendencias tanto alcistas como bajistas. Generalmente implican un cambio de tendencia o al menos una fuerte corrección contra la tendencia existente hasta ese momento. Dentro de esta familia las más comunes son:

- Doble techo
- Doble suelo
- Taza con asa
- Triple techo
- Triple suelo
- Cabeza y Hombros
- Cabeza y Hombros Invertido
- Vuelta en un día (Reversal Day)
- Isla de vuelta (Island Reversal)
- Diamante
- Sopera

Formaciones de continuación de tendencia:

Una formación de consolidación de tendencia suele aparecer durante las tendencias alcistas o bajistas y representan detenciones temporales de los precios o estancamientos en zonas laterales que finalizan con la reanudación de la tendencia previa a la formación. Dentro de esta familia las más comunes son:

- Triángulos
- Triángulo Simétrico
- Triángulo Ascendente
- Triángulo Descendente
- Banderas
- Cuñas
- Pennats

Formaciones de difícil calificación:

- Canales
- Gaps

Para identificar una figura de cambio de tendencia previamente debemos tener determinada de forma cierta la tendencia. Normalmente la primera señal que nos encontramos dentro de una figura de cambio de tendencia es la ruptura de una línea de tendencia importante. Cuanto mayor sea la formación de cambio de tendencia en amplitud de precios y en duración temporal más importancia tendrá su resolución.

El volumen otro es de los aspectos que ayudan a confirmar la resolución y la importancia de la figura.

6.2 Doble techo y doble suelo

Las formaciones de doble techo y doble suelo, son formaciones que con una alta fiabilidad nos indican un cambio de tendencia.

Se caracteriza por la existencia de dos máximos de similar cuantía y que ambos implican una fase correctiva, aunque se admitan mínimas variaciones.

Características del Doble Techo:

- Aparece en mercados alcistas
- Una vez finaliza implica una fase correctiva a la baja.
- Es una figura muy común.
- Es una figura con gran fiabilidad

Se compone de dos máximos a un mismo nivel que actúan como resistencia y un punto intermedio que los separa, llamado neckline. Cuando se perfora a la baja este punto o neckline se desencadena la formación con un objetivo bajista igual a la altura que separa el neckline de los dos máximos.

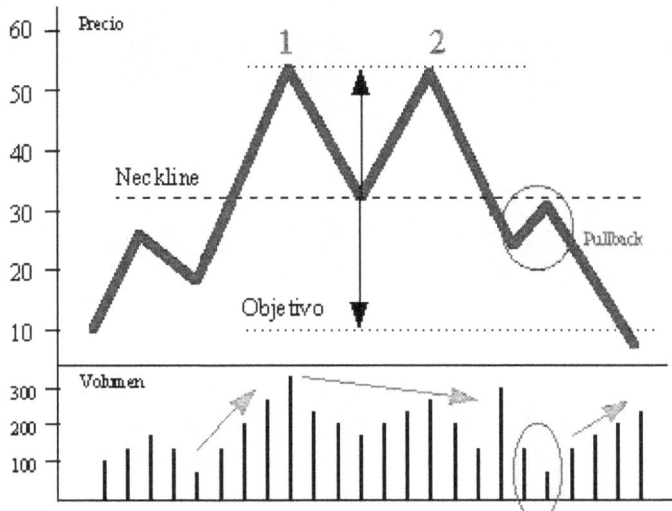

El comportamiento del volumen del mercado durante la formación suele ser: descendente entre los puntos 1 y 2. Volumen alto en la rotura o perforación del neckline. Si se produce un pullback el volumen debe ser muy bajo. Cuando el precio se encamina al objetivo el volumen crecer de nuevo.

Características del Doble Suelo:

- Aparece en mercados bajistas.
- Una vez finaliza implica una fase correctiva a la alza.
- Es una figura muy común.
- Es una figura con gran fiabilidad.

Se compone de dos mínimos a un mismo nivel que actúan como resistencia y un punto intermedio que los separa, llamado neckline. Cuando se supera al alza este punto o neckline se desencadena la formación con un objetivo alcista igual a la altura que separa el neckline de los dos mínimos. Ver gráfico.

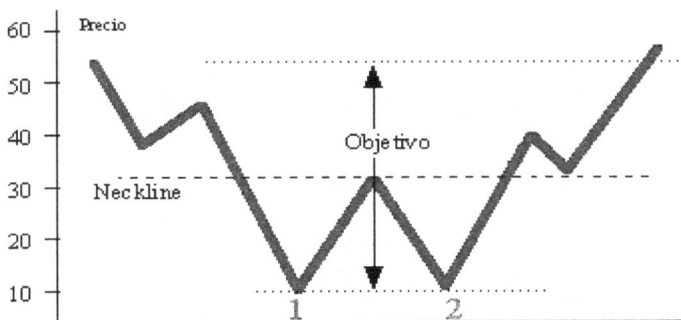

El comportamiento del volumen del mercado durante la formación suele ser: descendente entre los puntos 1 y 2. Volumen alto en la rotura o perforación del neckline. Asi se produce un pullback el volumen debe ser muy bajo. Cuando el precio se encamina al objetivo el volumen crece de nuevo.

Ejemplo de doble suelo en eur/usd:

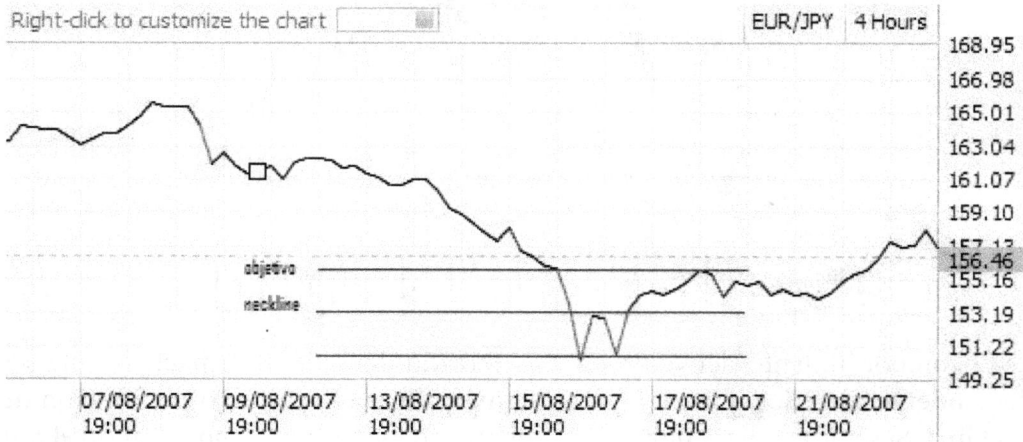

6.3 Taza con asa

El taza con asa es una variación del doble suelo en el que el primer valle es muy grande y el segundo es mas pequeño y menos profundo, formando una figura que se asemeja al perfil de una taza y su correspondiente asa. Son formaciones que indican un cambio en la tendencia, generalmente primaria. La figura no esta completada hasta que la curva de cotizaciones, después de formar el asa, supera el nivel del borde de la taza.

La figura se puede dividir en dos fases: La formación de la taza y la formación de la asa.

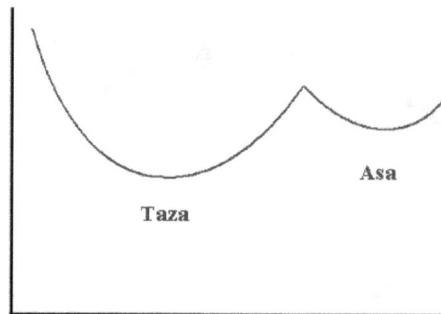

La primera fase o formación de la taza, se caracteriza por una caída de la curva de cotizaciones con un volumen muy reducido hasta que llega al fondo de la figura, y después viene el movimiento alcista con un incremento progresivo del volumen de negociación, hasta que se alcanza el borde de la taza.

En la fase segunda se forma la asa, con una leve caída de las cotizaciones y de nuevo con un volumen mínimo. En este punto los inversores comienzan a tomar conciencia del potencial alcista de estos títulos, y empiezan a presionar con sus ordenes de compra hasta que la curva de cotizaciones vuelve a encontrarse con la línea de resistencia formada por el borde de la taza. En esta fase el volumen se incrementa mucho, pues los vendedores sacan todo su papel ante el aumento de las ordenes de compra. Finalmente si el dinero sigue presionando, se agota el papel y con un fuerte volumen se rompe la línea de resistencia formada por el borde de la taza, y la figura esta completada.

Ejemplo de Taza con asa:

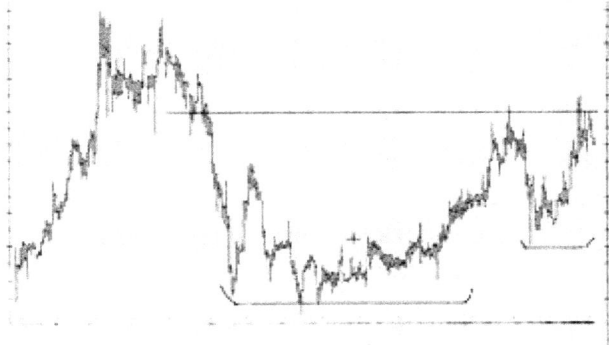

6.4 Triple techo y triple suelo

Las formaciones de triple techo y triple suelo, son formaciones que con una alta fiabilidad las cuales nos indican un cambio de tendencia.

Se caracteriza por la existencia de tres máximos de similar cuantía y que ambos implican una fase correctiva, aunque se admitan mínimas variaciones.

Características del Triple Techo:

- Aparece en mercados alcistas
- Una vez finaliza implica una fase correctiva a la baja.
- Es una figura muy común.
- Es una figura con gran fiabilidad

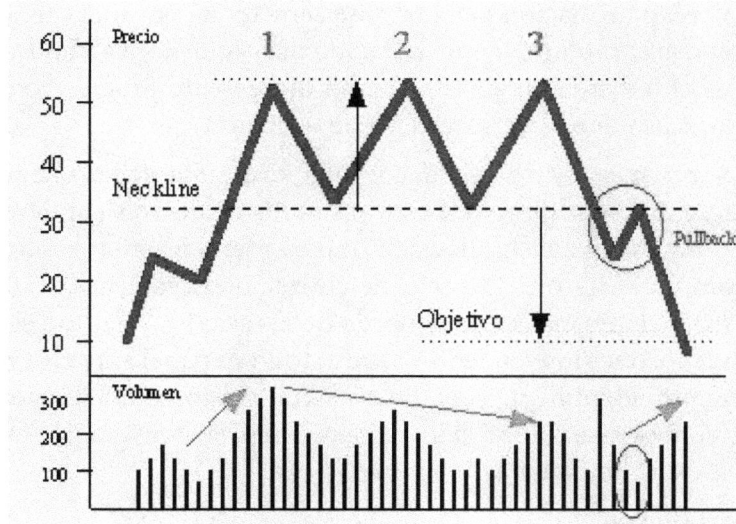

Se compone de tres máximos a un mismo nivel que actúan como resistencia y dos puntos intermedios que los separan. La línea que los une se llama neckline. Cuando el precio cae por debajo del neckline se desencadena la formación con un objetivo bajista igual a la altura que separa el neckline de los tres máximos.

El comportamiento del volumen del mercado durante la formación suele ser: descendente entre los puntos 1 , 2 y 3. volumen alto en la rotura o perforación del neckline. Si se produce un pullback el volumen debe ser muy bajo. Cuando el precio se encamina al objetivo el volumen crece de nuevo.

<u>Características del Triple Suelo:</u>

- Aparece en mercados bajistas.
- Una vez finaliza implica una fase correctiva a la alza.
- Es una figura muy común.
- Es una figura con gran fiabilidad.

Se compone de tres mínimos a un mismo nivel que actúan como soporte y dos puntos intermedios que los separan. La línea que los une se llama neckline. Cuando se supera al alza este neckline se desencadena la formación con un objetivo alcista igual a la altura que separa el neckline de los tres mínimos.

El comportamiento del volumen del mercado durante la formación suele ser: descendente entre los puntos 1 , 2 y 3. Volumen alto en la rotura o perforación del neckline. Si se produce un pullback el volumen debe ser muy bajo. Cuando el precio se encamina al objetivo el volumen crece de nuevo.

6.5 Hombro cabeza hombro

El Hombro cabeza hombro es una de las figuras más típicas del chartismo, e indica un cambio de la tendencia alcista o bajista.

Su nombre proviene de la semejanza a la cabeza y hombros de un hombre. Se caracteriza por comenzar con un pico, seguido de un segundo pico más alto y seguido de un tercer pico más bajo que el segundo, pero, aproximadamente, igual en altura al primero.

Es la figura más importante por la fiabilidad que ha demostrado a lo largo de años de estudios y análisis chartista.

Características del Hombro Cabeza Hombro:

*   Aparece en mercados alcistas.
*   Al finalizar provoca una corrección a la baja.
*   Tiene una alta fiabilidad.

Se compone de tres máximos, el primero y el último (llamados hombros) a nivel parecido y el del centro (llamado cabeza) claramente más alto. Si unimos los mínimos que separan los hombros de la cabeza tendremos el neckline. Lo ideal es que tenga una pendiente ligeramente alcista. En su defecto que sea horizontal pero nunca con inclinación claramente bajista. Cuando el precio cae por debajo del neckline se desencadena la formación con un objetivo a la baja igual a la altura que separa el neckline del máximo de la cabeza.

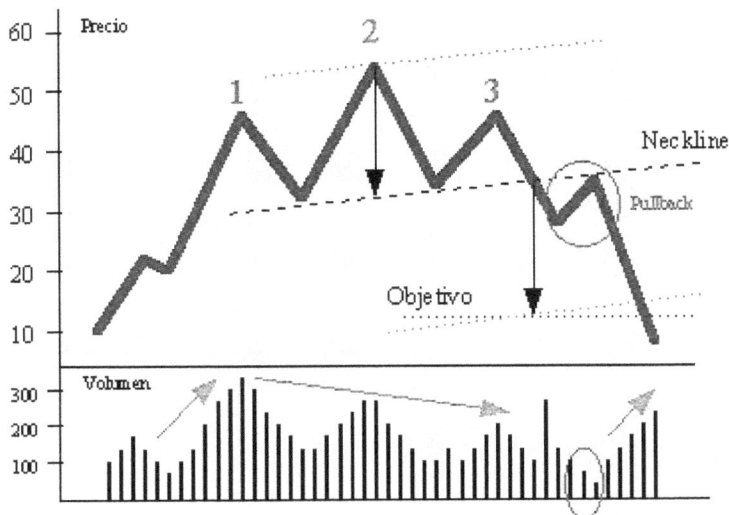

El comportamiento del volumen del mercado durante la formación suele ser:

descendente entre los puntos 1 , 2 y 3. volumen alto en la rotura o perforación del neckline. Si se produce un pullback el volumen debe ser muy bajo. Cuando el precio se encamina al objetivo el volumen crece de nuevo.

Características del Hombro Cabeza Hombro invertido:

- Aparece en mercados bajistas.
- Al finalizar provoca una corrección a la baja.
- Tiene una alta fiabilidad.

Se compone de tres mínimos, el primero y el último (llamados hombros) a nivel parecido y el de el centro (llamado cabeza) claramente más bajo. Si unimos los mínimos que separan los hombros de la cabeza tendremos el neckline. Lo ideal es que tenga una pendiente ligeramente bajista. En su defecto que sea horizontal pero nunca con inclinación claramente alcista. Cuando el precio cae por debajo del neckline se desencadena la formación con un objetivo al alza igual a la altura que separa el neckline del mínimo de la cabeza.

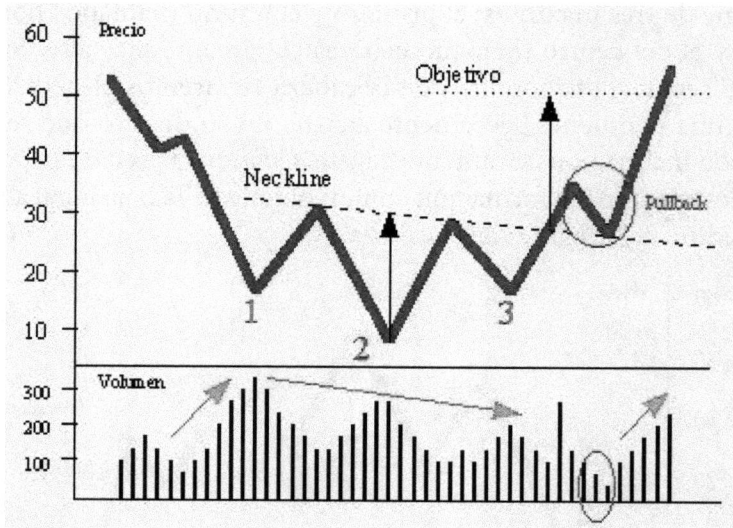

El comportamiento del volumen del mercado durante la formación suele ser: descendente entre los puntos 1 , 2 y 3. Volumen alto en la rotura o perforación del neckline. si se produce un pullback el volumen debe ser muy bajo. Cuando el precio se encamina al objetivo el volumen crece de nuevo.

Ejemplo practico de hombro, cabeza, hombro:

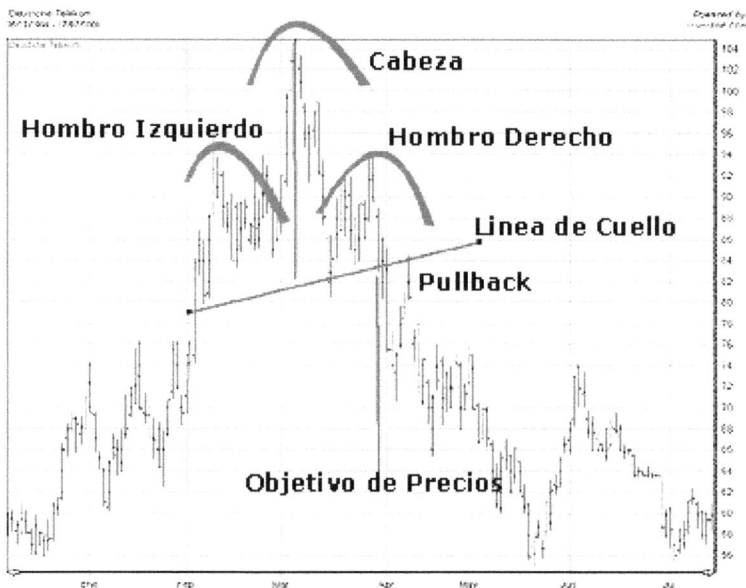

6.6 Reversal Day (Día de vuelta)

Las figuras de día de vuelta (Reversal Day) son una figura bastante común en mercados de alta volatilidad.

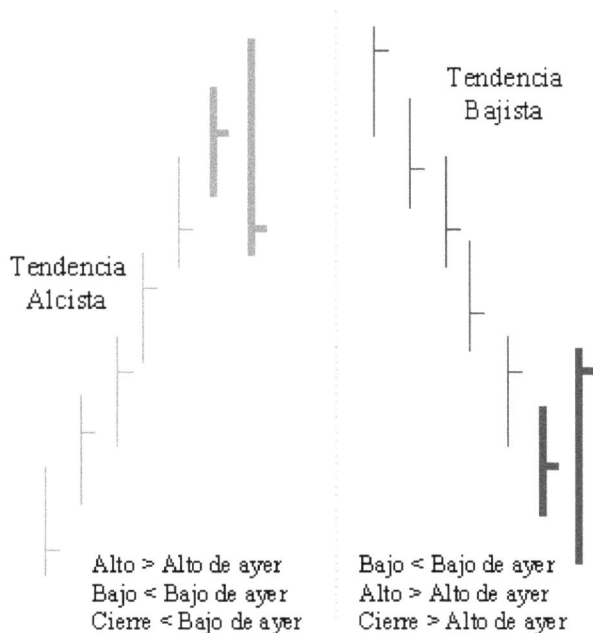

Se trata de dos composiciones muy simples, que se forman en función de la evolución de un valor en una única sesión, estando conformados por la evolución de los precios, máximos, mínimos y de cierre de un determinado valor. Dada su simplicidad no tienen una gran fiabilidad, pensemos que se forman en tan sólo una sesión, sin embargo nos pueden servir de indicadores sobre cambios en la tendencia de los precios de un determinado valor.

Día de vuelta en un mercado alcista:

Esta caracterizada por la aparición de un máximo y mínimo superior al del día anterior a la vez que el precio de cierre es superior al del día anterior.

Día de vuelta en un mercado bajista:

Esta caracterizada por la aparición de un máximo y mínimo inferior al del día anterior a la vez que el precio de cierre es inferior al del día anterior.

Ejemplo de día de vuelta en un mercado alcista:

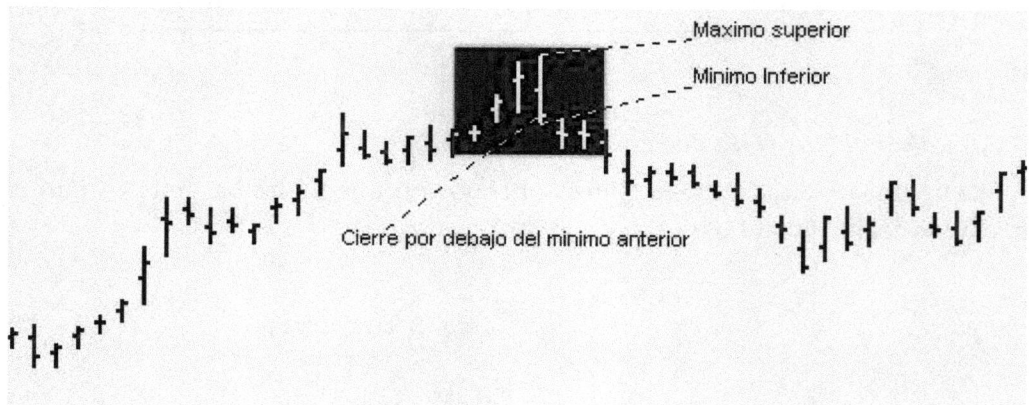

6.7 Diamante

El diamante Se trata de una figura, chartista poco habitual, de cambio de tendencia, que se produce casi exclusivamente en las tendencias alcistas, con implicaciones bajistas solo a muy corto plazo, pues nunca señala un cambio de tendencia primaria.

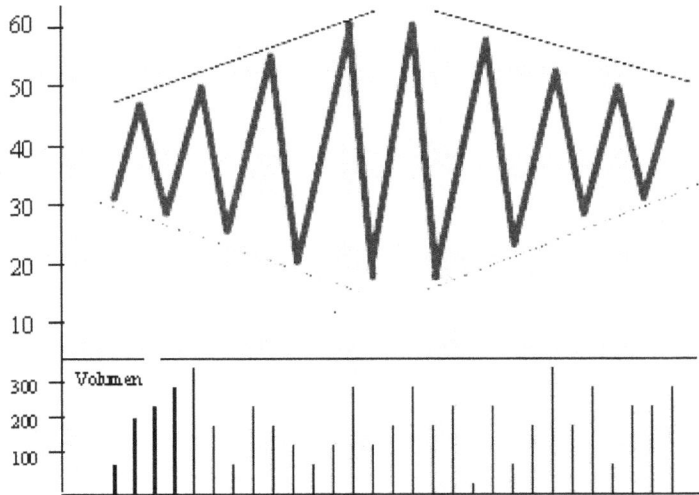

Es una figura poco fiable con volúmenes muy irregulares en su formación. En realidad se forma como la suma un triángulo invertido seguido de un triángulo simétrico, que debe llevar a un cambio de tendencia de la curva de cotizaciones. La poca fiabilidad de la figura, característica común a las figuras triangulares, aconseja seguirla muy de cerca, pues aunque se considera una figura de cambio de tendencia a corto plazo en movimientos secundarios o terciarios, se debe esperar a que la curva de cotizaciones deje el diamante para actuar, vendiendo rápidamente si pierde la línea de soporte pues suele caer muy rápidamente la cotización, o comprando si rompe la línea de resistencia, en cuyo caso la subida es mas moderada e irregular. Como en todas las figuras chartistas el volumen de negocio en el momento de la rotura de la figura, es fundamental para determinar la fiabilidad de la misma.

En el ejemplo, Aud/Usd después del inicio de una prometedora tendencia alcista, ha sido visto truncada esta tendencia por un diamante.

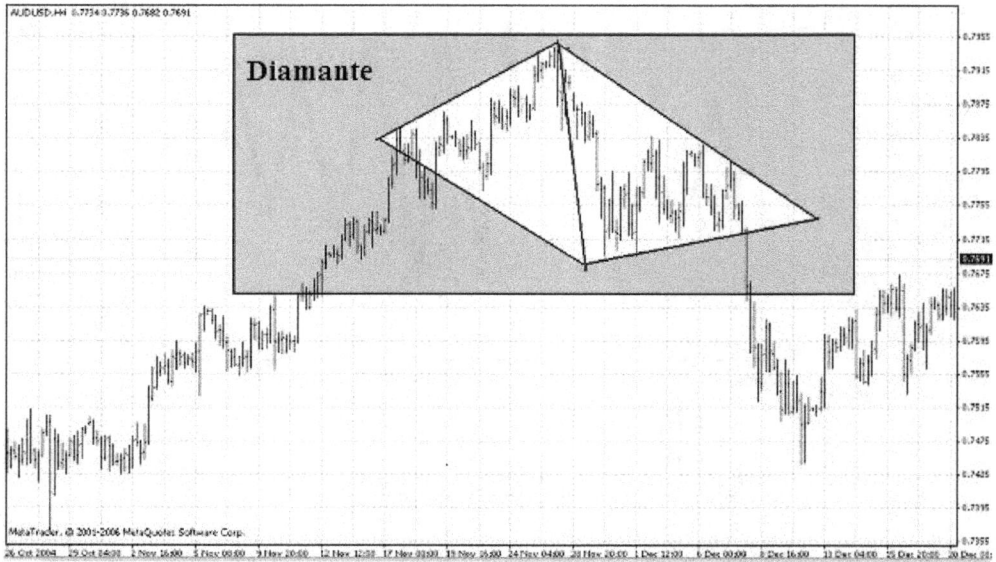

6.8 Sopera

La sopera también conocida con el nombre suelo redondeado, Se trata de una figura chartista de cambio de tendencia bajista a tendencia alcista, donde este cambio se produce de una manera poco violenta.

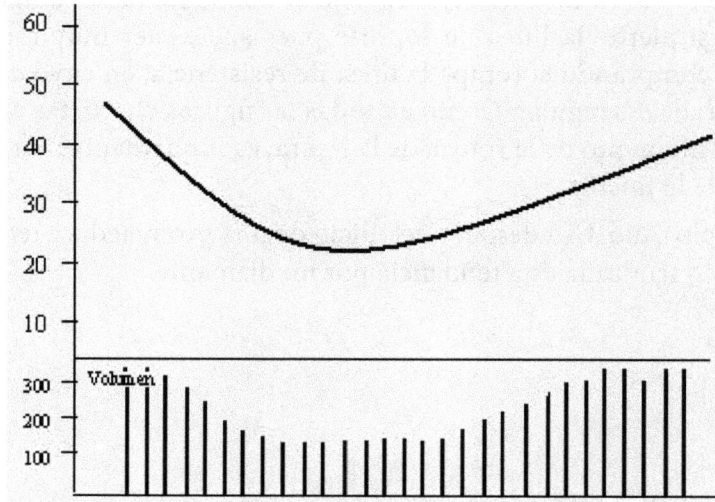

En la figura se tiene que observar que la tendencia bajista va perdiendo peso y, llega un momento en el que los precios tienden hacia la horizontalidad, volviendo después a aumentar: primero de una manera sosegada y luego de modo más violento.

Es una figura de larga duración (por lo menos tres meses) y en general, según haya sido la importancia de la caída de precios, así será la de la subida de los mismos. Es una figura de las llamadas de acumulación.

La sopera invertida, se trata de una formación muy similar a la descrita anteriormente pero de sentido contrario. Se trata por tanto de una figura que se forma en los movimientos de cambio de tendencia, de alcista a bajista.

6.9 Triángulos

Los triángulos son formaciones muy habituales y fáciles de encontrar. Se trata de figuras de equilibrio temporal o consolidación, y no de cambio de tendencia, aunque en ocasiones puede serlo.

Se produce cuando la curva de cotizaciones oscila en movimientos ascendentes o descendentes, siendo estas oscilaciones cada vez menores (excepto en el triángulo invertido, en el que las oscilaciones son cada vez mayores). Estas oscilaciones, permiten dibujar una línea de soporte y otra de resistencia, que coinciden en un punto, formando un triángulo, lo que da nombre a la figura.

Los triángulos se obtienen uniendo máximos descendentes con una linea de tendencia que, en este caso, será bajista, y otra línea de tendencia alcista, uniendo los mínimos ascendentes. Las señales de compra o de venta se detectan cuando se rompe este equilibrio y el precio se escapa bruscamente hacia arriba o hacia abajo del rectángulo.

Su escasa fiabilidad aconseja esperar a que se rompa una de las líneas para tomar posiciones, es decir vender si pierde el soporte o comprar si rompe la resistencia. Como es habitual en las figuras chartistas, la señal de compra o venta se produce cuando las cotizaciones traspasan una de las líneas, en mas de un tres por ciento. El volumen debe descender a lo largo de la formación del triángulo, y en el caso de que la rotura sea al alza, el volumen debe incrementarse en el momento de la rotura, lo cual nos confirmaría la señal de compra. Por el contrario, si la rotura se produce a la baja, no será necesario que haya incremento de volumen para confirmar la señal de venta.

La significación de esta figura es que hay vendedores que tienen prisa por vender sus títulos, ya que piensan que el mercado se encuentra en un inminente cambio de tendencia alcista o bajista. Por otro lado, los compradores opinan lo contrario y piensan que todavía puede subir. La distancia entre compradores y vendedores se hace cada vez mas estrecha, a medida que pasa el tiempo. Es, precisamente el tiempo lo que realmente tiene importancia vital para este tipo de figuras.

El volumen en la formación de los triángulos suele descender a medida que se van produciendo, y se incrementa de manera notable cuando el precio logra romper la formación triangular.

Esta formación charlista se puede clasificar en Triángulos Simétricos y Rectos (ascendentes y descendentes).

6.10 Triangulo simétrico

El triangulo simétrico aparece tanto mercados alcistas como bajistas y no provoca ningún cambio de tendencia ya que tan sólo implica un descanso lateral dentro de la tendencia existente.

Siendo el triangulo simétrico una figura muy común. Sus implicaciones suelen tener una fiabilidad alta.

El triangulo simétrico se compone de una fase de zigzag donde podemos localizar como poco dos mínimos relativos ascendentes, puntos 2 y 4 del gráfico, (por los que pasamos una línea de tendencia alcista) y dos máximos relativos descendentes, puntos 1 y 3 en el gráfico, (por los que pasamos una línea de tendencia bajista).

El triángulo simétrico idóneo es aquel que consta de tres puntos por arriba y tres por abajo siendo el último apoyo fallido, es decir, que no llega a tocar la línea de tendencia. Esto es un síntoma de que la rotura del triángulo está cercana.

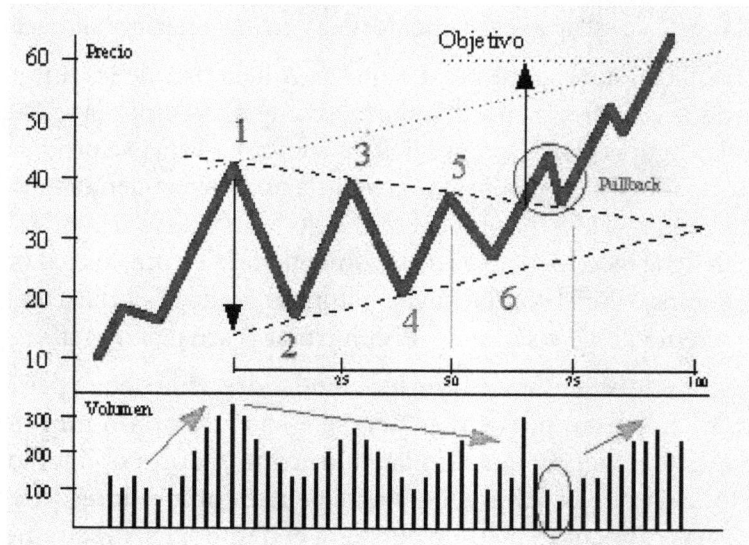

Podemos establecer un momento aproximado en cuanto a cuándo se producirá la rotura del triángulo. El método consiste en medir la longitud del triángulo desde su primer punto hasta el vértice (punto donde convergen las dos líneas de tendencia trazadas). Si calculamos cuánto tiempo dura ese triángulo por lo general la rotura siempre tendrá lugar entre el 50% y el 75% del tiempo total. Si la rotura es anterior no es muy problemático. Sin embargo, si la rotura se retrasa demasiado el precio se acercará demasiado al vértice y entonces las implicaciones alcistas o bajistas que tiene esta formación quedan muy reducidas haciendo aconsejable no utilizarla en estas ocasiones. Como se trata de una formación de continuación de tendencia la rotura por parte del precio debe producirse en favor de la tendencia, es decir, si estamos en una fase alcista y aparece un triángulo simétrico debemos esperar que rompa hacia arriba. Si en lugar de esto lo que se produce es la rotura de la línea de tendencia inferior debemos ignorar cualquier objetivo y dar por fallida la formación.

El objetivo de la formación se calcula midiendo la altura del triángulo, es decir, la distancia entre las dos líneas de tendencia tomada desde el punto uno. Esta distancia se proyecta desde el punto donde el precio perfora la formación y nos da un objetivo mínimo de hasta dónde continuará la tendencia. Existe otra opción para calcular el objetivo del triángulo donde se introduce el concepto del tiempo. Se trata de trazar una línea paralela a la directriz alcista que une los mínimos dos y cuatro. Cuando el precio alcanza esta línea daremos por alcanzado el objetivo. El problema que acarrea esta manera de calcular la proyección es que cuanto más tiempo tarda el mercado en llegar a la línea más alto es el objetivo ya que se trata de una línea ascendente. De los dos métodos el primero suele ser más fiable.

El comportamiento del precio dentro del triángulo suele identificarse por movimientos en zigzag de tres olas. Mirar este ejemplo:

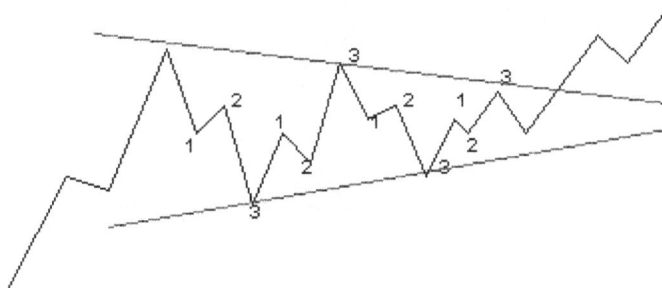

En ocasiones se puede utilizar el triángulo para comprar y vender dentro del mismo. En una tendencia alcista deberíamos tomar como puntos de compra la línea de tendencia inferior, y cerrar las posiciones en la línea de tendencia superior. En el caso de una tendencia bajista venderíamos en la directriz de arriba y cerraríamos la posición en la de abajo. El hecho de operar de modo distinto según cuál sea el tipo de mercado en que nos encontremos responde a que siempre hay que operar a favor de la tendencia principal.

El comportamiento del volumen del mercado durante la formación suele ser: descendente a lo largo del triángulo, volumen alto en la rotura o perforación de la directriz. si se produce un pullback el volumen debe ser muy bajo. Cuando el precio se encamina al objetivo el volumen crece de nuevo.

Ejemplo de triangulo simétrico:

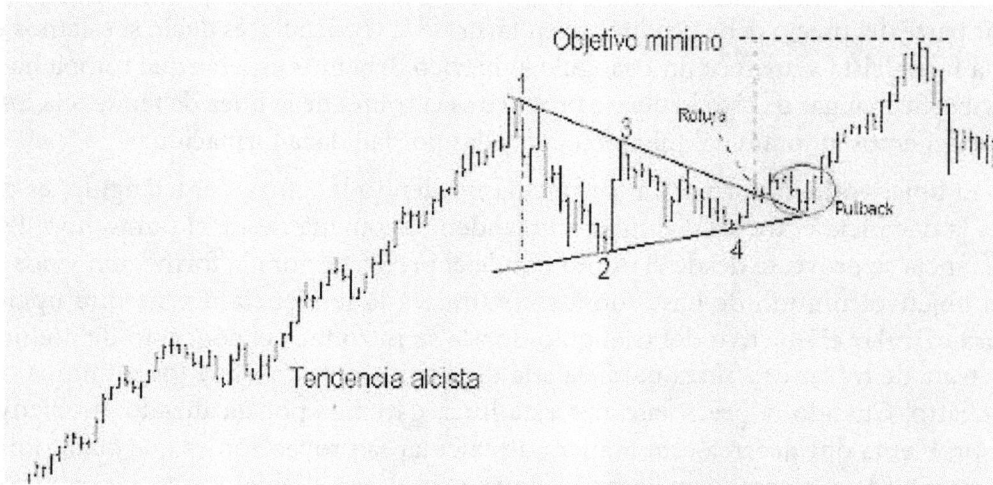

6.11 Triangulo ascendiente y descendiente

Los triángulos ascendiente y descendiente son figuras muy comunes y no comportan en ningún caso un cambio de tendencia si no una continuación o descanso de la misma.

Características del Triángulo Ascendente:

*   Aparece en mercados alcistas.
*   No provoca cambio de tendencia.
*   Tan sólo implica un descanso lateral dentro de la tendencia existente.
*   Es una figura muy común
*   Sus implicaciones tienen una fiabilidad muy alta.

Se compone de una fase de zigzag donde podemos localizar al menos dos máximos a un mismo nivel (resistencia) y dos mínimos relativos ascendentes, puntos 2 y 4 en el gráfico, (por los que pasamos una línea de tendencia alcista). El triángulo ascendente idóneo es aquel que consta de tres puntos por arriba y tres por abajo siendo el último apoyo fallido, es decir, que no llega a tocar la línea de tendencia

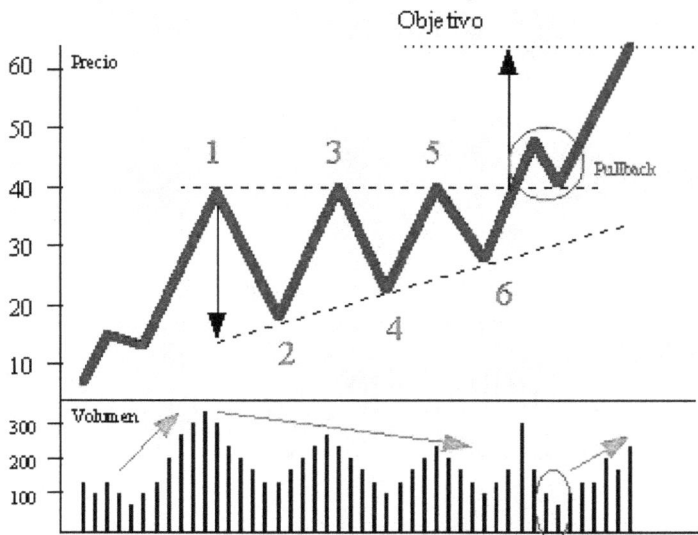

El objetivo del triángulo se calcula midiendo la altura del triángulo (la distancia entre las dos líneas de tendencia tomada desde el punto uno) Esta distancia se proyecta desde el punto donde el precio perfora la formación, es decir la línea horizontal, y nos da un objetivo mínimo de hasta donde continuara la tendencia. El comportamiento del precio dentro del triángulo suele identificarse por movimientos en zigzag de tres olas, como en el triángulo simétrico.

El comportamiento del volumen del mercado durante la formación es idéntico al del triángulo simétrico.

Características del Triángulo Descendente:

- Aparece en mercados bajistas.
- No provoca cambio de tendencia.
- Tan sólo implica un descanso lateral dentro de la tendencia existente.
- Es una figura muy común.
- Sus implicaciones tienen una fiabilidad muy alta.

Se compone de una fase de zigzag donde podemos localizar al menos dos mínimos a un mismo nivel (soporte) y dos máximos relativos descendentes, puntos 2 y 4 en el gráfico, (por los que pasamos una línea de tendencia bajista). El triángulo descendente idóneo es aquel que consta de tres puntos por arriba y tres por abajo siendo el último apoyo fallido, es decir, que no llega a tocar la línea de tendencia

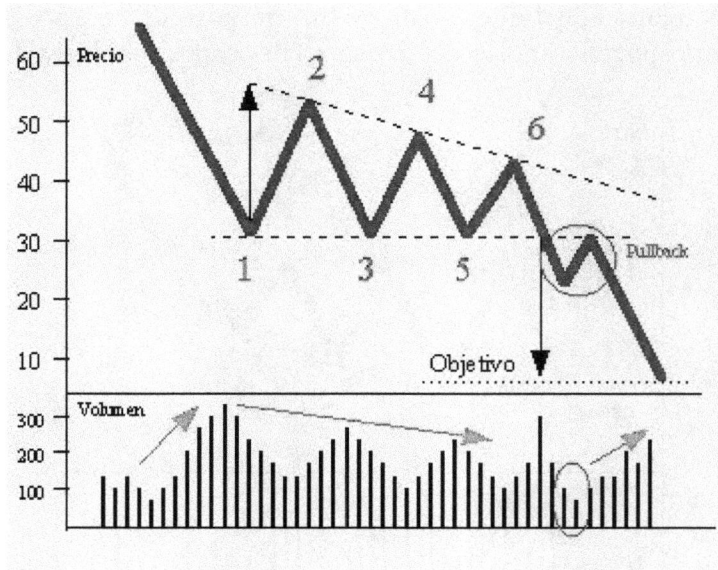

El objetivo del triángulo se calcula midiendo la altura del triángulo (la distancia entre la línea de tendencia y el soporte tomada desde el punto uno) Esta distancia se proyecta desde el punto donde el precio perfora la formación y nos da un objetivo mínimo de hasta dónde continuará la tendencia. El comportamiento del precio dentro del triángulo suele identificarse por movimientos en zigzag de tres olas, como en el triángulo simétrico.

El comportamiento del volumen del mercado durante la formación es idéntico al del triángulo simétrico.

6.12 Bandera, Cuña y Pennant

El objetivo de estas formaciones se suele calcular teniendo en cuenta la longitud de la tendencia antes de que aparezcan estas figuras y proyectando dicha longitud desde el vértice cuando el precio rompe, por lo que suponemos que lo que se puede esperar es que el mercado recorra una distancia equivalente antes y después de la aparición de estas formaciones. La fiabilidad del objetivo es muy baja. Donde reside la verdadera utilidad de estas figuras es entendiéndolas como un medio para ratificar la tendencia. Es decir, si hemos comprado al comienzo de una de estas formaciones y el mercado comienza a bajar debemos ser pacientes y esperar a que se reanude la tendencia. Nos indican que estamos en el lado bueno del mercado. Una vez se rompen las bandas y se retoma la tendencia el movimiento suele ser explosivo.

Características de las Banderas, Cuñas y Pennants:

• Aparecen en mercados alcistas y bajistas.
• No provocan cambio de tendencia.
• Tan sólo implican un descanso lateral dentro de la tendencia existente.
• Son figuras muy comunes y sus implicaciones tienen una fiabilidad muy baja.

Se componen de un rango de fluctuación estrecho entre dos bandas durante un breve periodo de tiempo. Por ejemplo, en un gráfico diario la duración puede ser de una semana o dos a lo sumo.

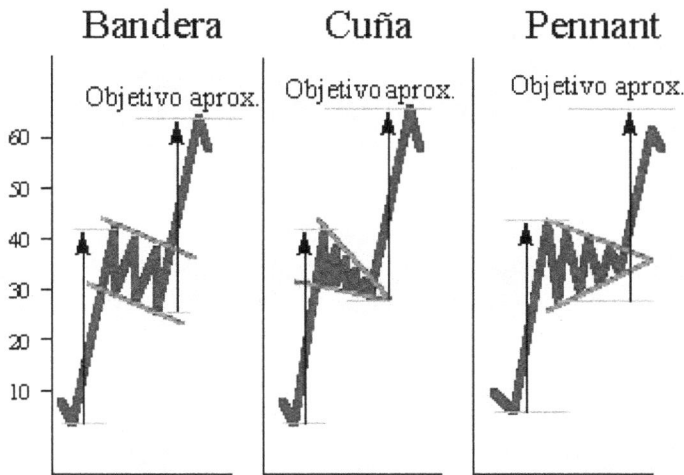

La bandera se parece a un canal, pero la diferencia principal es la distancia entre las dos bandas. En esta formación esa distancia es muy pequeña, lo que permite que el precio vaya de un extremo al otro continuamente, a veces incluso en la misma barra de precios se ve el alto tocando la banda superior y el bajo la banda inferior. La formación muestra una inclinación contraria a la tendencia existente, es decir, si la tendencia es alcista el canal tendrá inclinación bajista y viceversa.

La cuña se diferencia de los triángulos porque ambas bandas o líneas entre las que fluctúa el precio apuntan en una misma dirección. Es decir, en tendencia alcista las dos líneas serán descendentes, mientras que en tendencia bajista estas líneas serán ascendentes. Normalmente el precio fluctúa dentro de esta formación con mucha rapidez, al igual que en las banderas, y llega casi hasta el vértice de la cuña, es decir, donde confluyen las dos bandas, antes de retomar la tendencia.

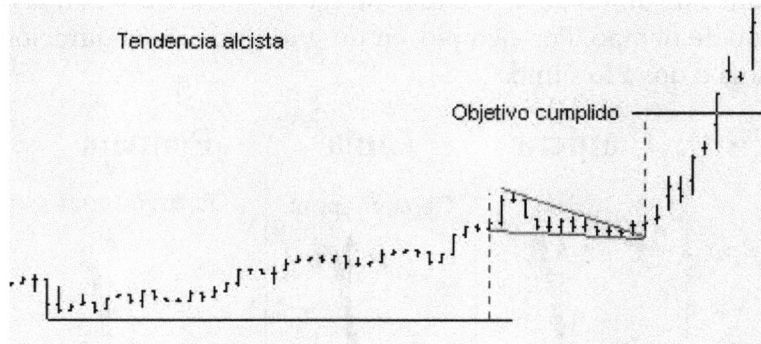

El pennant es muy parecido a un triángulo simétrico, salvo porque dura mucho menos tiempo, es más pequeño, no se aprecian fluctuaciones en zigzag de una banda a otra y en lugar de romper la banda entre el 50 y el 75% de su longitud, lo suele hacer muy cerca del vértice o final de la formación.

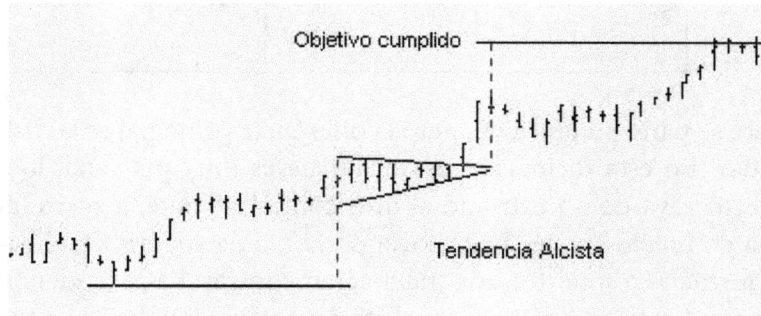

6.13 Los canales

Los canales son formaciones en las que el precio oscila entre unos puntos de soporte y resistencia, podemos distinguir entre tres Canales diferentes:

Caracteristicas del Canal Horizontal o Rectángulo:

- Aparece en mercados alcistas y bajistas. No provoca cambio de tendencia.
- Tan sólo implica un descanso lateral dentro de la tendencia existente.

- Es una figura muy común.
- Sus implicaciones suelen tener una fiabilidad alta.

Se compone de una fase lateral donde el precio fluctúa entre dos líneas horizontales, es decir, un soporte y una resistencia. Generalmente la rotura se producirá a favor de la tendencia precedente, es decir, en el caso de arriba donde la tendencia anterior era alcista, la rotura debería ser al alza y provocar una continuación del movimiento principal. El objetivo de la formación se calcula midiendo la altura del rectángulo, es decir, la distancia entre las dos líneas, el soporte y la resistencia. Esta distancia se proyecta desde el punto donde el precio perfora la formación y nos da un objetivo mínimo de hasta dónde continuará la tendencia.

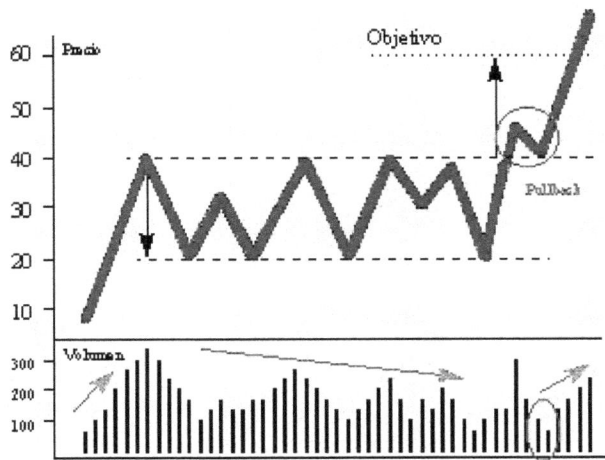

Características del Canal Alcista:

La formación en sí marca la tendencia del mercado. No provoca cambio de tendencia mientras el precio no rompa la banda inferior del canal. Para trazar esta figura necesitamos dos mínimos relativos (puntos 2 y 4) con los que trazar la línea de tendencia. Una vez tenemos esta línea podemos proyectar una paralela que pase por los máximos (puntos 1 y 3) para ver si están también en línea. En el caso de que así sea tendremos un canal que se confirmará definitivamente cuando el precio haga un apoyo en la banda inferior y rebote por tercera vez, es decir, punto 6. Para operar con esta formación debemos aprovechar los apoyos en la línea inferior para comprar y cerrar las posiciones cuando el precio alcance la banda superior. El precio puede que salga de este canal en un momento dado. Si lo hace por arriba, superando la línea paralela superior, no ocurre nada, ya que no implica cambio de tendencia sino que ésta se ha acelerado. En este caso debemos intentar localizar una nueva línea de tendencia más inclinada. Sin embargo si la rotura es a la baja esto implica un cambio de tendencia o al menos una fase correctiva importante. En este caso el objetivo se mide proyectando la altura del canal a la baja desde el punto desde donde perfora el precio a la línea. Es una figura muy común y sus implicaciones suelen tener una fiabilidad alta.

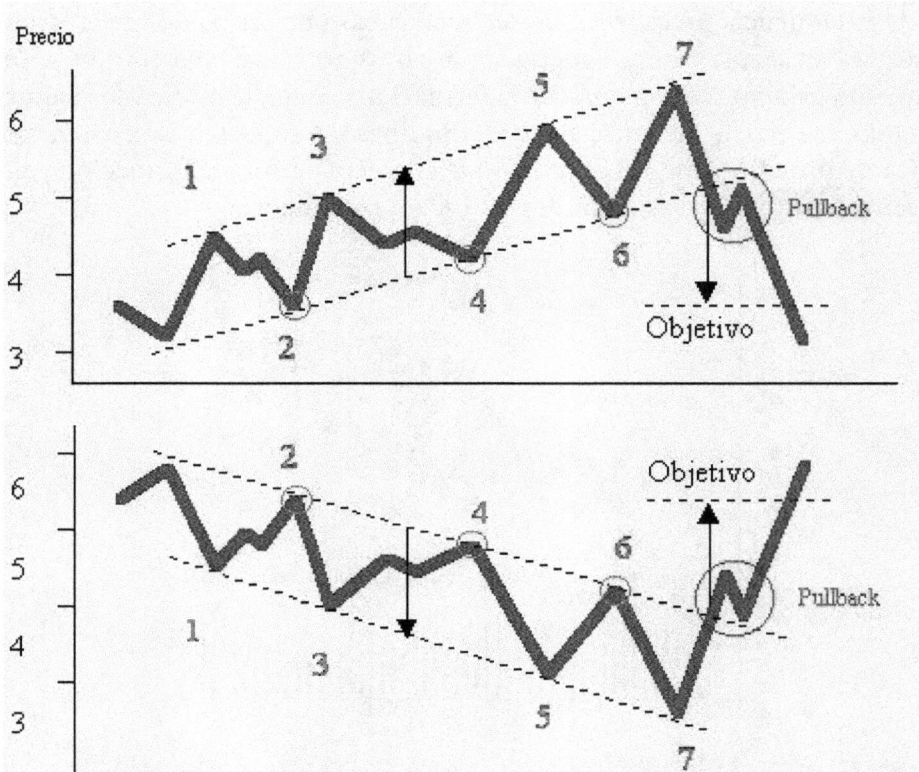

Características del Canal Bajista:

La formación en sí marca la tendencia del mercado. No provoca cambio de tendencia mientras el precio no rompa la banda superior del canal. Para trazar esta figura necesitamos dos máximos relativos (puntos 2 y 4) con los que trazar la línea de tendencia. Una vez tenemos esta línea podemos proyectar una paralela que pase por los mínimos (puntos 3 y 5) para ver si están también en línea. En el caso de que así sea tendremos un canal que se confirmará definitivamente cuando el precio haga un rechazo de la banda superior por tercera vez, es decir, punto 6. Para operar con esta formación debemos aprovechar los ataques a la línea superior para vender y cerrar las posiciones cuando el precio alcance la banda inferior. El precio puede que salga de este canal en un momento dado. Si lo hace por abajo, rebasando la línea paralela inferior, no ocurre nada, ya que no implica cambio de tendencia sino que ésta se ha acelerado. En este caso debemos intentar localizar una nueva línea de tendencia más inclinada. Sin embargo, si la rotura es a la baja, esto implica un cambio de tendencia o al menos una fase correctiva importante. En este caso el objetivo se mide proyectando la altura del canal al alza desde el punto desde donde perfora el precio a la línea. Es una figura muy común y sus implicaciones suelen tener una fiabilidad alta.

6.14 Gaps

El Gap se trata de una figura chartista que consiste en un hueco entre dos cotizaciones sucesivas. Puede ser indistintamente al alza o a la baja.

Hay tres tipos de Gaps que son importantes: los de rotura, los de escape o continuación y los de agotamiento. Los gaps de rotura suelen producirse en la ruptura de algún nivel crítico de ciertas formaciones gráficas o de niveles de soporte y resistencia. Suelen indicar que estamos al comienzo de un movimiento importante y que acaba de empezar. Con frecuencia este hueco se rellena, al menos parcialmente, antes de retomarse la tendencia, en lo que solemos denominar un pullback al neckline de la formación que haya roto.

Los gaps de continuación se producen en plena tendencia debido a una aceleración del movimiento y a la falta momentánea de precios. Es una indicación de que la tendencia esta en pleno auge. Por norma general estos gaps no se rellenan nunca.

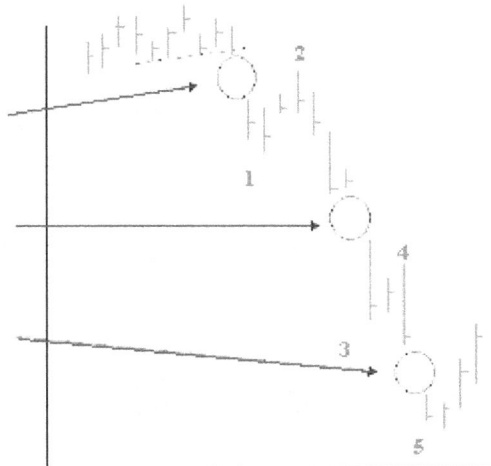

Los gaps de agotamiento marcan el final de un movimiento de tendencia. Se rellenan siempre y luego son superados por el precio. Este tipo de gaps unidos a los de rotura crean las formaciones de vuelta denominadas "Islas de vuelta o inversión".

Tema 7 : Herramientas y teorias trading

7.1 Los promedios

Los promedios variables indican el precio promedio en un determinado momento sobre un período de tiempo definido. Se los llama variables porque reflejan el último promedio, mientras que se adhieren a la misma medida de tiempo.

Con todas estas herramientas, se intenta estudiar la psicología de la masa que opera en el Mercado Forex, detectando estados de excesiva euforia o desánimo. La experiencia muestra que el estado de ánimo de los operadores se repite cíclicamente, un conocimiento del desarrollo de los precios y de las fases del Mercado nos dan una idea de la futura evolución de los precios.

Existen multitud de variables de los indicadores básicos algunos de los indicadores técnicos más usados son:
- Bandas de Bollinger
- Promedio de Movimiento Exponencial (PME)
- Extensión de Fibonacci
- Retrazados de Fibonacci
- Convergencia/Divergencia del Promedio en Movimiento (MACD, por sus siglas en inglés)
- Parada y reversa parabólica (SAR, por sus siglas en inglés)
- Indicador de Fuerza Relativa (RSI, por sus siglas en inglés
- Promedio de Movimiento Simple (PMS)
- Sistema Estocástico

En este tema explicaremos algunos de los promedios más conocidos así como la forma de interpretarlos y de usarlos para que se conviertan en efectivas herramientas de trading.

7.2 Los Promedios Moviles

Los promedios moviles son de los metodos más simple y antiguos usado por los inversores en el analisis técnico.

Los promedios móviles son una herramienta para suavizar los precios en un grafico durante un periodo de tiempo determinado eliminando así picos puntuales de cotizaciones para observar una tendencia más ligera y precisa en la voluntad de los inversores y del precio del par de divisas en el que operemos. Esta suavización de los precios es usada por los inversores para crear señales de cambio de tendencia con las que poder iniciar o cerrar una operación.

Una línea de promedios móviles se calcula mediante mediante el precio de un par de divisas en un numero de periodos de tiempo. Por ejemplo si los periodos de tiempo fueran días y la longitud de tiempo fueran 10, el calculo se haría entonces (10 x precio cierre cada dia)/10.

Aunque el anterior promedio móvil que hemos adjuntado como ejemplo era el promedio móvil simple simple existen, existen algunas variantes de los promedios móviles, las más comunes son:

- Simple
- Exponencial
- Suavizado (Smoothed)
- Ponderado Linealmente (Linear Weighted)

Promedios moviles simples

Ente los promedios Moviles el Simple es el mas usado entre los inversores.

El promedio movil simple se calcula sumando los precios de cierre de la sesion y luego dividirlo en el mismo numero de periodos.

En la siguiente image se observa un grafico del par EUR/USD en un grafico en escala de diario y un promedio movil simple de 20 (Moving Average 20).

El promedio movil simple del grafico se calcula sumando los precios de cierre del par analizado durante cierto período de tiempo y luego se divide dentro del mismo número de períodos.

Promedio movil simple 20 = (Precio del cierre de la sesion diaria x 20)/20

El promedio movil simple da la misma fuerza a cada precio del periodo que que evaluemos, cuando mayor sea el periodo mayor sera la suavidad del grafico y mejores señales producira, cuando menor sea el promedio movil, este creara mas señales pero mas fallidas.

Promedio movil exponencial

El promedio movil exponencial da una mayor rapidez en el movimiento a la linea, teniendo en cuenta que da mayor peso a los cambios de cotizacion mas recientes. De esta manera, los inversores podrán hacer un mejor seguimiento del valor y responder rápidamente a las tendencias que pueden tardar más tiempo en aparecer en un gráfico de la media móvil simple.

Para el grafico del ejemplo se a usado una media movil exponencial de 20, esta linea se calcula de con la siguiente formula:

N = 20
K = 2 / (N+1)
Media movil exponencial 20 = precio actual x K + EMA de ayer x (1-K)

Promedio movil suavizado

El promedio movil suavizado da una mayor relevancia a los precios pasados que el promedio movil exponencial al dar el mismo pesos a precios pasados que a precios recientes. Debido a esta suavizacion el promedio movil suavizado es mas aconsejable usarlo en periodos de tiempo mas largos para obtener mejores resultados.

En el grafico mostramos una media movil suavizada de 20, para su calculo se usa la siguiente formula:

N= Numero de sesion (en este caso 20)

Pn= Cotizacion a cierre de dicha sesion

$((n * Pn) + ((n - 1) * Pn\text{-}1) + ((n - 2) * Pn\text{-}2) + ... ((n - (n - 1)) * Pn\text{-}(n\text{-}1)) / (n + (n - 1) + ... + (n - (n - 1)))$

Al ultimo precio de cierre de la sesion se le resta 1 y al penultimo 2 y asi segun el numero de sesiones.

En el siguiente grafico observamos las 3 medias moviles anteriormente descritas y su diferencia. En verde la linea exponencial simple, Azul la exponencial y rojo la suavizada.

Como invertir con promedios móviles

Los promedios móviles ofrecen una gran variedad de estrategias que poder seguir y de las que aprovecharse para abrir y cerrar operaciones.

Es importante recordar que cuando sea mas rápida la línea de promedio móvil mas señales de compra venta generara pero mas inciertas y cuando mas lenta sea mas señales correctas puede generar estos tipos de estrategias.

Si el precio se localiza por encima del promedio móvil se considera que el mercado está en una tendencia al alza esta señal es mas efectiva si por debajo existe una vela completa y genera una señal de compra.

Si el precio está ubicado por debajo del promedio móvil se considera que el mercado tiene una tendencia a la baja, con lo que genera una señal de venta, siendo esta más efectiva si dispones de una vela completa por arriba.

Al mismo tiempo usted puede determinar la intensidad de la tendencia. Observando la pendiente que forma el promedio móvil. Cuando no hay pendiente significa que el mercado no tiene tendencia y las señales son menos precisas.

En los puntos verdes puede ver las señales de compra y en los rojos las señales de venta que ha generado esta media móvil simple.

El uso de patrones de velas ayuda a generar señales más efectivas y esperar que la vela completa se inicie por arriba de la media o por debajo ofrecerá las mejores señales.

El cruce de promedios móviles

Una de las estrategias mas usadas entre los inversores es la del cruce entre señales medias móviles, en esta estrategia se crean 2 líneas una lenta y otra rápida en el grafico el cruce de dichas líneas indicara una señal de compra o venta.

En el grafico hemos se pueden observar 2 medias móviles simples en rojo una media móvil de 20 (rápida) y en azul una media móvil de 50 (lenta).

Cuando la línea rápida en (roja) cruza la línea lenta por arriba (azul) genera una señal de compra, (punto verde)

Cuando la línea rápida en (roja) cruza la línea lenta por debajo (azul) genera una señal de compra, (punto rojo)

El cruce de señales móviles en este caso nos habría ofrecido una interesante oportunidad de generar beneficios ya que nos habría generado una señal de compra del par EUR/USD a 1.3287 y una señal de venta a 1.4321 lo que nos generaría 77 pips de beneficio en el caso de haber aprovechado la señal.

Usando medias moviles con soporte y resistecia

Las medias móviles también las podemos usar con una estrategia conjunta como puntos de soporte y resistencia móviles.

Como podemos observar en el grafico el precio a veces es rechazado al tocar la línea del promedio móvil (puntos azules)

7.3 La secuencia de Fibonacci

Breve biografia de Fibonacci

Leonardo de Pisa, mejor conocido por su apodo Fibonacci (que significa hijo de Bonacci) nació en la ciudad italiana de Pisa y vivió de 1170 a 1250.

Se hacía llamar a sí mismo "Bigollo" que quiere decir "bueno para nada".

Era hijo de Guilielmo Bonacci quien trabajaba como representante de la casa comercial italiana más importante de la época, en el norte de África.

Es en medio de esta actividad comercial que Leonardo de Pisa comienza a formarse como mercader y matemático en la ciudad de Bugia, hoy Bejaia un puerto al noreste de Argelia. Se conoce muy poco sobre su vida; sin embargo, en el prefacio de uno de sus libros más importantes, el Liber Abaci, Leonardo comenta que fue su padre quien le enseñó Aritmética y lo animó a estudiar matemáticas. En Bugia Leonardo recibió este tipo de enseñanza de maestros árabes, lo cual era, sin duda, lo mejor que podía sucederle a un joven medieval italiano que quisiera saber matemáticas.

Se convirtió en un especialista en Aritmética y en los distintos sistemas de numeración que se usaban entonces. Muy pronto se convenció de que el sistema hindo-arábigo era superior a cualquiera de los que se usaban en los distintos países que había visitado. Decidió llevar este sistema a Italia y a toda Europa de ser posible, en donde aún se usaban los numerales romanos y el ábaco. El estudio de las matemáticas y de formas más prácticas de aplicarlas como un instrumento indispensable para el desarrollo del comercio le ocupó prácticamente toda la vida.

Los mercaderes italianos al principio estaban renuentes a utilizar estos nuevos métodos pero poco a poco el sistema de numeración hindo-arábigo fue introducido en Europa gracias, en buena medida, al trabajo de Fibonacci.

Leonardo regresó a Pisa alrededor del año 1200 y ahí escribió una gran cantidad de libros y textos sobre matemáticas. En la época en la que vivió aún no existía la imprenta, por lo que sus libros eran escritos a mano y las copias que de ellos circulaban también se hacían a mano. Es fácil imaginar la pequeña cantidad de copias que podían circular en ese entonces y aunque parezca imposible todavía hoy se conservan copias de los siguientes libros: "Liber Abaci", escrito en 1202; "Practica geometriae", escrito en 1220; "Flos", escrito en 1225 y "Liber quadratorum", escrito en 1227. Sin embargo son muchos más los que se perdieron en el transcurso de la historia.

La reputación de Leonardo crecía de tal modo que para 1225 era reconocido como uno de los mejores matemáticos y de distintas cortes y comercios le pedían asesorías.

Debemos reconocer en él a uno de los primeros hombres que llevó la matemática árabe a Europa además de poner muy en alto el nombre de la matemática griega y darla a conocer entre los mercaderes y comerciantes, es decir sacarla de los monasterios y el monopolio de los eruditos.

Leonardo de Pisa fue sin duda el matemático más original y hábil de toda la época medieval cristiana, pero buena parte de sus trabajos eran demasiado difíciles para ser bien comprendidos por sus contemporáneos.

La secuencia de Fibonacci

Fibonacci , explicó el desarrollo de fenómenos naturales de crecimiento a través de su conocida secuencia numérica.

Esta secuencia es una ley que explica el desarrollo de fenómenos naturales de crecimiento, y se genera sumando dos números consecutivos para obtener el siguiente.

$$f1 = f2 = 1$$

$$fn = fn - 1 + fn - 2 \quad \text{para } n >= 3$$

La serie Fibonacci resultante es: 1, 1, 2, 3, 5, 8, 13, 21, 34, 55, 89, 144, 233, 377, 610, 987, etc.…

Fibonacci demostró que esa secuencia puede manifestarse en la evolución de un fenómeno de la Naturaleza, puesto que la solución a un problema matemático basado en el proceso de reproducción de una pareja de conejos así lo confirmaba.

El problema consistía en determinar cuántos conejos se pueden obtener a partir de una pareja durante un año, sabiendo que:

a) La pareja inicial puede procrear desde el primer mes, pero las parejas siguientes sólo podrán hacerlo a partir del segundo mes.

b) Cada parto es de dos conejos.

Si se supone que ninguno de los conejos muere, el proceso sería el siguiente:

1. El mes nacerían un par de conejos, con lo cual ya habría un par de parejas.

2. Durante el segundo mes, el par de conejos inicial, produciría otra pareja, con lo que ya sumarían tres pares.

3. A lo largo del tercer mes, la pareja original y la primera pareja nacida producirían nuevas parejas, es decir ya existirían cinco parejas.

Sin embargo, la utilidad que proporciona esta serie radica en sus propiedades fundamentales, descubiertas en el siglo XVIII:

1. Si se dividen los números que son consecutivos de la serie, es decir, 1/1, 1/2, 2/3, 3/5, 5/8, 8/13, etc. Se verá que el resultado obtenido tiende al número 0.618.

2. Si se dividen los números no consecutivos de la serie, es decir, ½, 1/3, 2/5, 3/8, 5/13, 8/21, etc. Se observará que el resultado obtenido tiende al número 0.382.

3. Si se calcula ahora la razón de cualquier número de la serie al siguiente número más bajo, es decir, 21/13, 13/8, 8/5... el resultado tiende a 1.618, que es el inverso de 0.618.

4. Si se calcula ahora la razón de cualquier número de la serie al siguiente número más bajo no consecutivo, es decir, 21/8, 13/5, 8/3... el resultado tiende a 2.618, que es el inverso de 0.382.

Por ej.; 144 / 233 = 0,618 144/89= 1.6179

La divergencia entre el resultado de estos cocientes y 0,618 ó 1,618, es mayor cuanto más pequeño son los números de la serie utilizados.

La proporción 1,618, ó su inversa 0,618, fueron denominada por los antiguos griegos "razón áurea" o "media áurea", y se representa con la letra griega phi, que hace referencia al autor griego Phidias. Chirstopher Carolan, menciona que Phidias, autor de las estatuas de Atenas en el Partenón y de Zeus en Olimpia, considero determinante el papel del número phi en el Arte y la Naturaleza.

Este ratio cuyo inverso es él mismo más la unidad, caracteriza a todas las progresiones de este tipo, sea cual sea el número inicial.

Para que sirven las Series de Fibonacci?

Los agentes que participan dentro del mercado bursátil están en continua búsqueda de herramientas que logren dar señales acertadas de compra y venta de acciones con el fin de obtener rentabilidades superiores.

Los principales objetivos que la Serie de Fibonacci pretende alcanzar en su aplicación al mercado Bursátil y de divisas son los siguientes:

En lo que a precios respecta, busca predecir rangos de precios objetivos a los que debiera llegar una acción cuando se encuentra en una determinada tendencia.

En lo que a tiempo se refiere, busca determinar el periodo de tiempo que durará una tendencia, y cuando ocurrirá un cambio en ella.

Las herramientas

El siguiente ejemplo mostramos 3 posibilidades distintas de aplicar la secuencia de fibonacci. En algunas plataformas de distintos brokers podemos encontrarlas y usarlas suelen ser herramientas movibles a nuestro gusto tanto en longitud como horizontal o verticalmente, pero siempre conservando la proporción de la secuencia de fibonacci.

Fibonardi retracement (Retroceso de fibonacci)

Fibonacci arcs (Arcos de fibonacci)

Fibonacci fan (Angulos de fibonacci)

7.4 Las bandas de bollinguer?

Las Bandas de Bollinger, son una herramienta utilizada para el análisis técnico de los mercados financieros. Esta técnica fue inventada por John Bollinger en la década de los años 1980.

Las Bandas de bollinger son un indicador que envuelven al grafico de precios y hoy en día es un estándar en los paquetes gráficos.

Se calcula a partir de una media móvil (simple, o exponencial) sobre el precio de cierre a la que envuelven dos bandas que se obtienen de añadir y sustraer al valor de la media 2 desviaciones estándar.

Esta medida de la volatilidad (la desviación estándar) es la que marca la amplitud de las bandas.

Las bandas de bollinguer sirven para ubicar al precio dentro de un rango relativo a su evolución pasada.

Ayuda a determinar si el valor está o no volátil.

Permite obtener niveles de precios y determinar si el valor está en zonas de soporte o resistencia dinámicas.

Los valores por defecto que se utilizan para su cálculo son de 21 para la media y 2 desviaciones estándar. Si se reduce o se incrementa de forma significativa el valor de la media hay ajustar en el mismo sentido el número de desviaciones estándar. Para valores de la media por encima de 50 (largo plazo) => 2,5 desviaciones; valores de la media cercanos a 10 (corto plazo)=> 1,5 desviaciones.

Si los precios están por encima de media y cercanos a la banda superior están relativamente altos, pueden haber sobre compra. Si están por debajo de la media y cercanos a la banda inferior están relativamente bajos, puede haber sobreventa.

Si las bandas se estrechan sobre los precios está indicando que el valor está muy poco volátil, al contrario las bandas se ensanchan si el valor está volátil. Esto proporciona una ayuda muy importante al inversor que opera con opciones.

Se suelen producir movimientos importantes y rápidos en los precios después de periodos en los que se han estrechado las bandas.

Los movimientos de precios que se originan en una de las bandas suelen tener como objetivo la banda opuesta, lo que facilita el determinar estos objetivos de precios. Muchos de los precios extremos (máximos o mínimos) de los movimientos tienen lugar en la banda o sus cercanías.

Cuando los precios superan la banda superior es un síntoma de fortaleza del valor, si por el contrario se sitúan por debajo de la banda inferior es una señal de debilidad. Cuando los precios se sitúan fuera de cualquiera de las bandas es asumible la continuación del movimiento.

Su utilización conjunta con otros indicadores ayuda a determinar con alta probabilidad los techos y suelos de los mercados.

Sugerencia de Trading

-Máximos/mínimos conseguidos con precios fuera de las bandas seguidas de máximos/mínimos conseguidos con precios dentro de las bandas suelen ser patrones de cambio en las tendencias

-Cuando las bandas se mantienen cercanas, son síntoma de un periodo de baja volatilidad en el precio de la acción. Cuando se mantienen lejos una de otra, están indicando un periodo de alta volatilidad. Cuando tienen sólo una ligera pendiente y permanecen aproximadamente paralelas durante un tiempo suficientemente largo, se encontrará que el precio de la acción oscila arriba y abajo entre las bandas, como en un canal. Cuando esta conducta se repite regularmente junto a un mercado en consolidación, el inversor puede, con cierta confianza, utilizar un toque (o casi) a la banda superior o a la inferior como una señal de que el precio de la acción se está acercando al límite de su rango de negociación, y por ello es probable un cambio en la tendencia del precio.

7.5 RSI, Índice de fuerza relativa

El RSI es un indicador de fuerza relativa (Relative Strength Index, en inglés) es un oscilador del análisis técnico que muestra la fuerza o velocidad de las tasa de cambio del precio mediante la comparación de los movimientos individuales al alza o a la baja de los sucesivos precios de cierre.

El RSI es popular porque es relativamente fácil de interpretar. Fue ideado por J. Welles Wilder y publicado en la revista Commodities (actualmente llamada Futures) en junio de 1978, y en su New Concepts in Technical Trading Systems ese mismo año.

Los osciladores son unos ratios que se calculan a partir de la evolución de las cotizaciones y que nos indican si la acción está sobrevalorada (y habría que pensar en vender) o infravalorada (y sería el momento de comprar).

En su cálculo se suelen utilizan datos de 14 sesiones, ya que si fuese menor (7) puede ofrecer señales falsas y con medias móviles de 20 se pierden señales que se producen en un plazo de tiempo más corto.

Este oscilador se calcula de la siguiente manera:

RSI = 100 - 100/[1 + (Media de alzas/Media de Bajas)]

La relación entre las alzas y las bajas nos proporciona la fuerza relativa de cada valor. El RSI permite comparar los dos promedios y expresarlos en porcentaje. Si el promedio de las bajas y alzas son iguales, el RSI tiene un valor de 50%, es decir, que las fuerzas relativas están equilibradas. En cambio, si el valor del RSI es superior al 50% significa que hay más fuerza relativa alcista que bajista, y si es inferior al 50% más fuerza relativa bajista que alcista.

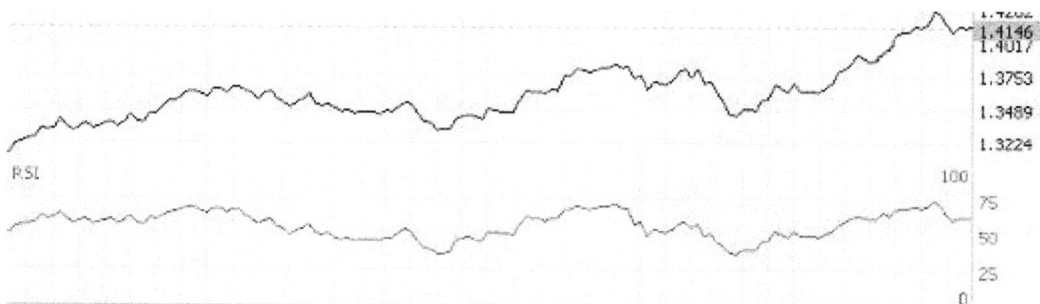

Dado que el RSI es una línea que sigue al gráfico, va mostrando los máximos y mínimos que va formando el precio. Cuando la línea RSI sobrepasa la zona de 70% se considera que el valor ha entrado en zona de sobre compra. Por el contrario, si se sitúa por debajo de la zona del 30%, se considera que el valor ha entrado en zona de sobreventa.

A partir del RSI se puede hacer también análisis chartista , es decir, se puede detectar triángulos, soportes, resistencias, rectángulos, etc. Una de las figuras más importantes, es la observación de las divergencias entre la actuación actual del valor en el mercado y su linea RSI. Por ejemplo, si observamos un alza continuada del precio, y por el contrario, observamos una aceleración en el RSI no proporcional con el valor en el mercado, estaríamos ante una posible divergencia que mostraría un posible y futuro cambio de la tendencia en el valor.

Ejemplo de cálculo del RSI:

Supongamos que en las últimas 15 sesiones una acción ha tenido el siguiente comportamiento:

Ha habido 8 días en los que la acción ha cerrado con ganancias, siendo la subida media del 0,95%, y 7 días en los que ha cerrado con pérdidas, siendo la caída media del -0,89%

Aplicamos la fórmula:

RSI = 100 - 100/[1 + (Media de alzas/Media de Bajas)]

RSI = 100- 100/[1 + (0.95/0.89)] = 51.6

Por lo tanto el valor del RSI se encontraría en una posición media, lejos de la zona de sobrevaloración y de infravaloración.

7.6 MACD (convergencia divergencia de señales móviles)

El MACD (Moving Average Convergence Divergence), que se puede traducir como Convergencia-divergencia de medias móviles, es un indicador que mediante el cruce la línea del indicador (MACD) y de su media móvil (SIGN) proporciona señales de compra o venta. El MACD se mueve alrededor de una línea central o línea cero, sin límites superior o inferior.

El macd comprende tres componentes en su representación:

1.- El primer componente, MACD, es la diferencia entre dos promedios moviles simples de diferente longitud. Lo más común es la diferencia entre el promedio móvil de 12 periodos y el de 26 periodos. El primer promedio es un promedio rápido que es más sensible a los movimientos del precio en el corto plazo y el segundo es un promedio de mediano plazo. Estos valores se pueden cambiar, aunque lo habitual es utilizar como parámetros los promedios de 12 y 26 periodos. Su formula viene dada por:

MACD=PMS(12)-PMS(26), donde PMS es Promedio Móvil Simple.

2.- La Señal o SIGNAL, corresponde a la media móvil del MACD calculado anteriormente y se utiliza como señal para iniciar o cerrar una operación. El intervalo usado es de 9 periodos. Su formula es:

SIGN =PMS(9,MACD)

3.- El tercer componente es el Histograma, el cual corresponde a la diferencia entre el MACD y la Señal y sirve como indicador para iniciar o cerrar una posición. Su formula es:

Histograma= MACD-Señal

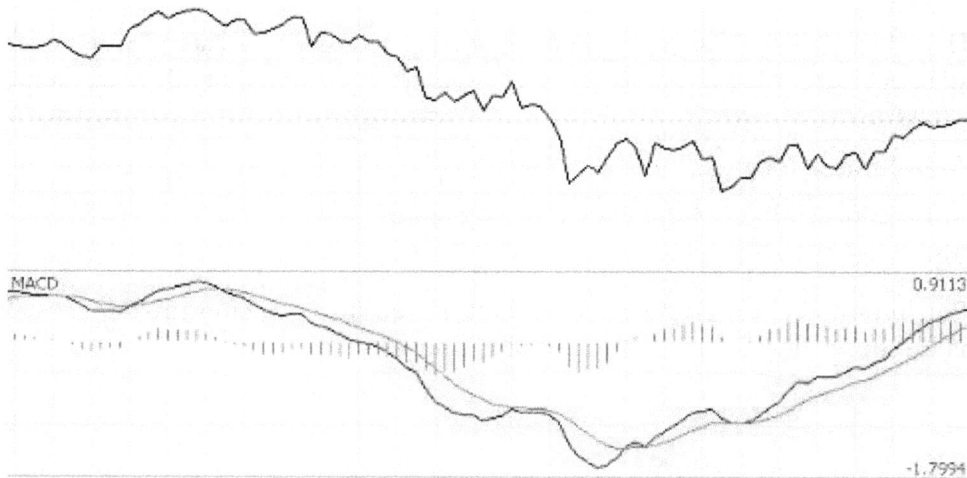

Como interpretar el MACD:

• Cuando la línea MACD (roja) cruza hacia arriba la Señal (línea azul) se da una señal de compra.

• Cuando la línea MACD (roja) cruza hacia abajo la Señal(línea azul) se da una señal de venta.

• También se puede esperar a confirmar la señal cuando el MACD cruce la línea cero; sin embargo, esto puede ser muy tarde.

• Cuando hay una divergencia entre el comportamiento del MACD y el comportamiento del precio.

• Divergencia Negativa: el indicador alcanza máximos más bajos y el precio alcanza máximos más altos. Esto indica que la fuerza del movimiento del precio se está acabando. Un ejemplo de esto se ve en la grafica en los puntos señalados como A y B. En el punto B el precio alcanza su máximo, sin embargo el indicador MACD presenta un máximo local más bajo que en el punto A. Esto da una señal de venta, que se ve reflejada en una caída del precio de la acción.

Divergencia Positiva: el indicador alcanza mínimos más altos y el precio alcanza mínimos más bajos. La explicación es análoga a la presentada en el caso de la divergencia negativa; en este caso se da una señal de compra.

• Otra forma de ver divergencias es con el histograma:

El histograma empieza a caer cuando el precio continua subiendo, lo cual señala una divergencia negativa y por lo tanto genera una señal de venta. El histograma empieza a subir cuando el precio continua descendiendo, lo cual señala una divergencia positiva y por lo tanto genera una señal de compra.

En general, las divergencias suponen una de las señales de alerta más eficaces del análisis técnico.

7.7 Momentum

El Momento (Momentum) está basado en la cotización y su diferencial con otra cotización pasada.

Con el momento se estudia la velocidad del movimiento de las cotizaciones con respecto a las sesiones anteriores y en muchos casos cuando la cotización todavía sigue su tendencia al alza o a la baja, el Momento (que visualiza la "velocidad" de este movimiento), se anticipan y gira marcando su próximo cambio de tendencia.

Matemáticamente el Momento viene representado por una diferencia.

$$M = C - Cn$$

Siendo M el momento, C la última cotización y Cn la cotización anterior en n sesiones a la que tomamos como referencia. Esta variable n es un número a optimizar en cada título y suele oscilar entre 5 y 10 sesiones.

La correcta elección del periodo del Momento es determinante para conseguir resultados óptimos. Normalmente se usan periodos a 5 sesiones o 10 sesiones. En el caso del Momento a 5 sesiones en títulos con oscilaciones suaves, obtenemos una curva que se aproxima bastante a la de la cotización pero teniendo una ventaja sobre ella: su anticipación. Para otros títulos es mejor realizar un estudio del Momento a 10 sesiones, pues en este caso obtenemos una fluctuación de la gráfica más lenta y con señales más eficaces.

Con el Momento se estudia la velocidad del movimiento de las cotizaciones con respecto a sesiones anteriores y en muchos casos cuando la cotización todavía sigue su tendencia al alza o a la baja el Momento (que visualiza la "velocidad" de este movimiento), se anticipa y gira marcando un próximo cambio de tendencia.

El gráfico del Momento se presenta como una línea que oscila alrededor de una línea neutra (línea cero). La señal más usada para comprar o vender es el corte de la línea cero por el Momento.

- Si corta de abajo hacia arriba es una señal de compra.
- Si la corta de arriba hacia abajo será señal de venta.

En el caso de que el Momento oscile mucho alrededor del cero y de forma poco pronunciada es necesario dotarlo de una zona neutra alrededor de cero y esperar que salga de esta zona para operar. Como en el resto de osciladores es muy útil emplear el análisis chartista para asegurar las señales de compra o venta.

Otra de las formas de usar la linea momentum es la de anticipar los cambios de tendencia de los precios. Por ello, si tenemos una serie de precios en ascenso y la línea de momentum esta también en tendencia ascendente, pero empieza a caer, se pone de manifiesto una señal de desaceleración que puede prevenir de un cambio de tendencia en los precios. Esto es conocido como divergencia entre la actual tendencia del mercado y la desaceleración de la línea de momentum.

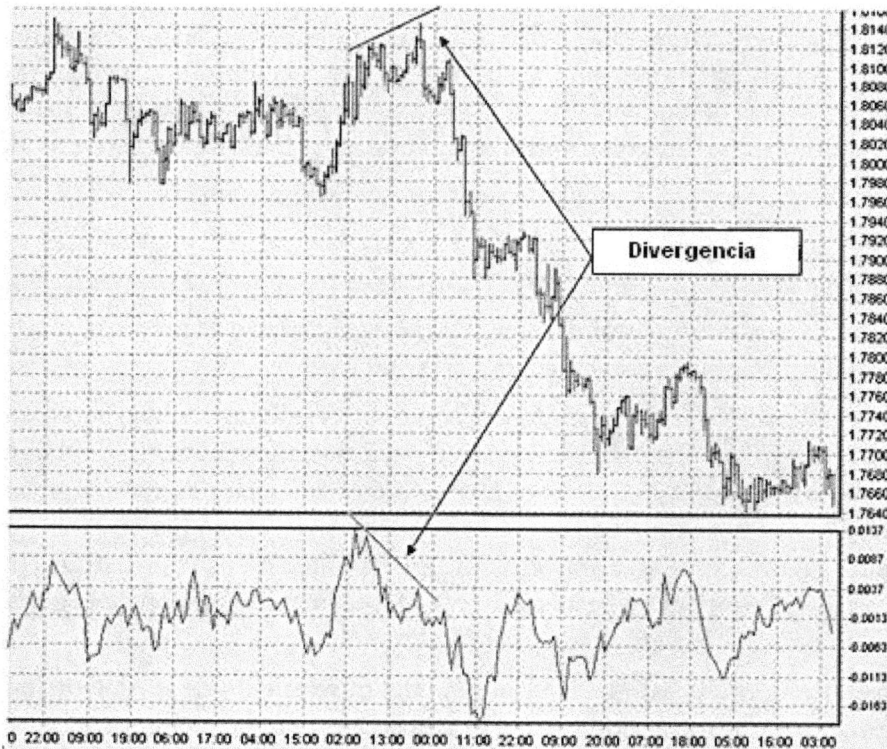

7.8 Williams %R (Acumulación /Distribucion)

El Williams %R es un indicador de momento que mide los niveles de sobre compra y sobreventa. Fue desarrollado por Larry Williams.

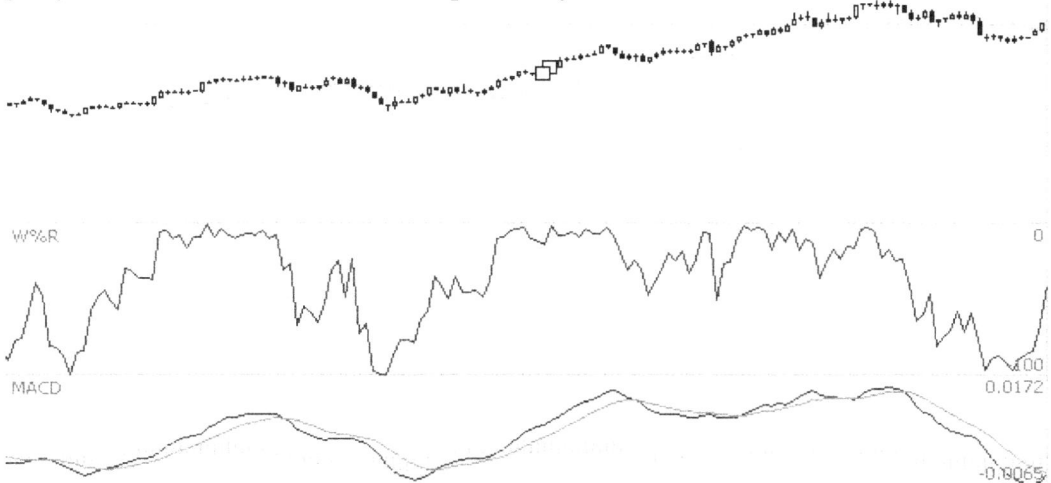

Acumulación es un término que se emplea para describir un mercado dominado por los compradores; mientras que con distribución definimos un mercado controlado por los vendedores.

La interpretación del William's %R es muy similar a la del Stochastic Oscillator excepto en que el %R se dibuja invertido y el Stochastic Oscillator tiene una suavización interna, es decir su línea es más allanada. Para mostrar el indicador Williams %R en una escala invertida, normalmente se dibuja empleando valores negativos (por ejemplo, -20%).

Cuando vaya a analizar un valor, simplemente ignore los símbolos negativos. Las lecturas en el tramo de 80 a 100% indican que el valor está sobrevendido mientras que las lecturas entre 0 y 20% sugieren que está sobrecomprado.

Como todos los indicadores de sobrecompra/sobreventa, es mejor esperar al cambio de dirección de los precios de la acción antes de efectuar una operación. Por ejemplo, si un indicador de sobrecompra/sobreventa (como el Stochastic Oscillator o el Williams %R) muestra una condición de sobrecompra, es prudente esperar a que el precio de la acción gire hacia abajo antes de realizar una compra. (El MACD es un buen indicador para monitorizar el cambio en el precio de la acción).

No es infrecuente que los indicadores de sobrecompra/sobreventa permanezcan en zona de sobrecompra o sobreventa durante un largo periodo de tiempo mientras el precio de la acción continua subiendo/bajando.

Vender simplemente porque el valor parece sobrecomprado puede hacer que se salga del negocio mucho antes de que su precio muestre signos de deterioro.

El oscilador williams se suele representar tomando periodos de 15 sesiones, aunque también cabría tomar periodos más cortos o más largos.

Su fórmula es la siguiente:

$$RW = 100 * \frac{(A - C)}{(A - B)}$$

Donde:

A: La cotización más elevada del periodo considerado.

C: la cotización de cierre.

B: La cotización más baja del periodo.

El oscilador de Williams puede tomar valores entre 0 y 100.

Si el valor de RW supera 80 la acción está sobrevalorada (señal de venta).

Si el valor de RW es inferior a 20 la acción está infravalorada (señal de compra).

Ejemplo: Supongamos que en las últimas 15 sesiones una acción ha tenido el siguiente comportamiento:

Sesión	Cotización	Sesión	Cotización
1	445	9	411
2	439	10	422
3	427	11	427
4	420	12	430
5	419	13	431
6	415	14	429
7	410	15	425
8	415		

La cotización máxima ha sido 445, la cotización mínima 410 y la cotización de cierre 425. Con estos datos aplicamos la fórmula:

$$RW = 100 * \frac{(445 - 425)}{(445 - 410)} = 55,1\%$$

Por lo tanto el valor del RW se encuentra cerca de la media y, por tanto, alejado tanto de la zona de sobrevaloración como de infravaloración.

7.9 Estocástico

El estocástico o sthocastic es una variable estadística basada en la comparación de los precios o cotizaciones respecto a los máximos o mínimos marcados en un periodo definido considerando que el precio de las últimas sesiones temporales a sido una variable aleatoria que evoluciona en función de otra variable generalmente el tiempo. Cada una de las variables aleatorias del proceso tiene su propia función de distribución de probabilidad y, entre ellas, pueden estar correlacionadas o no.

Que quiere decir estocástico:

La palabra estocástico proviene del griego y significa "perteneciente o relativo al azar"

En matemáticas, la estocástica es un conjunto de teorías estadísticas que tratan de los procesos cuya evolución es aleatoria (un ejemplo de ellos son las tiradas de dados).

Cada variable o conjunto de variables sometidas a influencias o impactos aleatorios constituye un proceso estocástico.

Como interpretar el proceso estocástico:

El principio básico de la estocástica es que cuando una moneda se encuentra en tendencia alcista por ejemplo se tiende a cerrar cerca de sus máximos anteriores y cuando está en tendencia bajista, se cierra cerca de mínimos.

Un cruce entre las señales del estocástico indica una señal de compra y venta.

Los cruces de las 2 líneas van unidos a las señales de sobrecompra o sobreventa.

Cuando la línea de periodo mas corto cruza a la de periodo largo es porque las cotizaciones están cerrando las últimas sesiones más cerca del máximo del período seleccionado de lo que lo hacían un poco antes, lo que se interpreta como un indicio de que está comenzando un movimiento alcista y se considera una señal de compra. Considerando lo mismo a la inversa.

Las señales mas exactas las suelen ofrecer los vértices al superar los que teóricamente conoceríamos como valores extremos superando el 80 % y por debajo del 20 %. Un cruce por arriba del 80 % de las 2 líneas indicando una señal de compra/venta.

Cuando estamos por debajo del 20 % y después de un cruce de la línea de periodo largo sobre la corta supera el 20 % estaríamos ante una fuerte señal de compra.

Cuando estamos por encima del 80 % y después de un cruce de la línea corta con la del periodo largo y esta baja del 80 % indicaría una señal de venta.

El estocástico también puede darnos información sobre la fortaleza del mercado en el caso de que los precios marquen máximos y el estocástico este en mínimos marcaría una señal de debilidad del mercado.

Tema 8 : Los bancos centrales

8.1 Importancia de los bancos centrales

Las oscilaciones en los precios de las divisas pueden ser provocados por múltiples razones tal y como hemos visto asta ahora, los bancos centrales de los respectivos países tienen una enorme influencia en el mercado de divisas por su enorme capacidad económica y por sus directrices económicas, capaces de influenciar el precio de una divisa aumentando su precio o devaluándolo según sea su intención.

Los bancos centrales tienen como principal mandato la estabilidad de los precios en sus respectivos países ya que son los principales responsables de la política monetaria de un país y tomaran las medidas que sean necesarias para ello tanto en medidas conjuntas con otros bancos centrales, inyección de capital, subidas o bajadas de tipos de interés o compra de divisas extranjeras.

Las medidas tomadas por los bancos centrales afectan substancialmente a la cotización de las divisas por ello es seguido de muy cerca sus pasos por los traders, muchas veces los inversores intentan anticiparse a los movimientos de los bancos centrales pronosticando sus futuras actuaciones viéndose reflejado en el precio de la divisa antes de la aparición de las respectivas medidas.

Gracias a las posibilidades que tienen los bancos centrales para influenciar en la política monetaria, los bancos centrales controlan la oferta / demanda y disponibilidad de dinero en la economía. Una excesiva cantidad de dinero en circulación crearía una inflación en los precios afectando negativamente el valor de la divisa devaluándola, mientras que una política monetaria altamente austera llevará a que la liquidez del sistema financiero tenga poco margen y a un aumento progresivo de los tipos de interés que harán más atractivas las inversiones en bonos y letras del tesoro así como es de esperar que el valor de la divisa aumente.

La estabilidad económica y política de un país afecta al valor de su divisa que consigue una estabilidad y confianza en el sistema financiero de su país. Un sistema financiero estable conlleva a una divisa estable y relativamente fuerte.

8.2 Funciones y deberes de los bancos centrales

Los Bancos centrales poseen dos funciones muy importantes dentro del sistema financiero económico de un país. La primera es preservar el valor de su moneda y mantener las estabilidad de precios para ello su principal herramienta financiera es la del manejo de los tipos de interés.

La segunda es mantener la estabilidad del sistema financiero, ya que el banco central es el banco de los bancos, sus clientes no son personas comunes y corrientes o empresas particulares, sino el Estado y los bancos existentes dentro del territorio de la nación a la cual pertenece. El banco central toma los depósitos de sus clientes y los guarda en cuentas que éstos tienen en él. Con dichas cuentas los clientes realizan transacciones con otros bancos a través de los sistemas de pagos y compensación, al igual que un particular en un banco comercial utiliza su cuenta para realizar transacciones con otro particular. A su vez, el banco central también otorga préstamos a bancos con dificultades de liquidez, o a otros Estados.

Funciones más importantes de los bancos centrales en la política monetaria:

Emisión de divisa: Los bancos centrales tienen como responsabilidad de administrar su propia divisa y suele ser la única institución con capacidad y autoridad para emitir dinero en curso legal, auque en algunos países el gobierno también puede realizar estas funciones y emitir billetes y monedas.

Custodia de las reservas: Las reservas del pais de Oro y divisas son custodiadas y administradas por el banco central.

Banco del gobierno: La mayor parte de las actividades bancarias del gobierno son llevadas a cabo por los Bancos Centrales. También recauda dinero para el gobierno a través de instrumentos como los Bonos del Estado o Letras del Tesoro. La emisión o retirada de estos productos tiene impacto sobre la economía y oferta monetaria por lo que está muy ligado a su función para mantener la estabilidad del sistema financiero y económico. Dentro de este marco custodian las reservas monetarias del gobierno, gestionan el crédito al sector público y la emisión de deuda pública. No obstante estas funciones están cada vez más limitadas, sobre todo en los países desarrollados, para garantizar la independencia de los Bancos Centrales respecto a los gobiernos.

Operaciones en el mercado: Los Bancos Centrales pueden realizar operaciones en los mercados financieros con el fin de mantener estable el cambio que ofrece su divisa. Los bancos centrales compran y venden divisas para evitar grandes fluctuaciones en las cotizaciones de sus divisas. Los Bancos Centrales también pueden usar operaciones en el mercado abierto como instrumento para conseguir los objetivos de su política monetaria, por ejemplo pueden vender divisas extranjeras para reducir el suministro de liquidez en el sistema económico del país y viceversa.

Reducir la inflación: Cada banco central en sus estatutos tienen como prioridad una estabilidad de precios en los que suelen estar controlar la inflación entre un 1 y 2 % anual para ello su herramienta básica será la de controlar los tipos de interés.

Controlar los bancos: Los bancos centrales actúan como banco de los bancos comerciales. Los bancos comerciales pueden refinanciar sus deudas con créditos otorgados por los Bancos Centrales al tipo de interés fijado previamente por estos. Los Bancos Centrales también pueden intervenir ante una crisis o situación de insolvencia de un banco comercial a través de la elaboración de paquetes de rescate con el objetivo de devolver la confianza en el sistema financiero. Esta media la hemos podido ver en multitud de ocasiones en la actual crisis financiera creada tras las hipotecas suprime.

Como órgano publico un Banco Central tiene obligaciones que debe cumplir:

Transparencia: El banco central debe poner a disposición del público y de los mercados toda la información relevante sobre su estrategia, evaluación y decisiones de política monetaria, así como sobre sus procedimientos de una forma abierta, clara y oportuna.

Reparto de beneficios: Los beneficios netos que se puedan general por el banco central deben revertir en el Estado al que el banco pertenece, o en el incremento de los posibles fondos de garantía, que este tenga establecido

Publicación de cuentas: Las cuentas de los Bancos Centrales deben ser publicadas y estar disponibles no sólo ante las instituciones públicas, sino también ante los ciudadanos. Para garantizar la transparencia y claridad de estas cuentas se debe contar con auditores externos e independientes al Banco Central encargados de la publicación y comprobación de informes de actividades, balances y política monetaria.

8.3 El banco central europeo

Historia del banco central europeo

El 2 de mayo de 1998, el Consejo de la Unión Europea, en su composición de Jefes de Estado y de Gobierno, decidió por unanimidad que once Estados miembros (Bélgica, Alemania, España, Francia, Irlanda, Italia, Luxemburgo, los Países Bajos, Austria, Portugal y Finlandia) cumplían las condiciones necesarias para la adopción de la moneda única el 1 de enero de 1999. Dichos países participarían, por tanto, en la tercera fase de la Unión Económica y Monetaria Europea (UEM). Los jefes de Estado o de Gobierno llegaron asimismo a un acuerdo político con relación a las personas que habrían de recomendarse como miembros del Comité Ejecutivo del BCE.

Al mismo tiempo, los ministros de Economía de los Estados miembros que han adoptado la moneda única acordaron, junto con los gobernadores de los bancos centrales nacionales de dichos países, la Comisión Europea y el Instituto Monetario Europeo (IME), que los tipos de cambio centrales bilaterales del Sistema Monetario Europeo (SME) de las monedas de los Estados miembros participantes serían utilizados para determinar los tipos de conversión irrevocable del euro.

El 25 de mayo de 1998, los gobiernos de los once Estados miembros participantes nombraron al presidente, al vicepresidente y a los otros cuatro miembros del Comité Ejecutivo del BCE. La toma de posesión efectiva de estos cargos tuvo lugar el 1 de junio de 1998 y señaló la constitución del BCE.

El BCE y los bancos centrales nacionales de los Estados miembros participantes constituyen el Eurosistema, sobre el que recae el cometido de establecer y formular la política monetaria única en la tercera fase de la UEM.

Funciones del BCE

La función principal del BCE es mantener el poder adquisitivo de la moneda única y de este modo la estabilidad de precios en la zona euro. El BCE controla la oferta monetaria y la evolución de los precios.

Sin embargo a diferencia de la Reserva Federal en el Banco Central de Europa busca mantener metas de inflación por abajo del 2%.

Como economía dependiente de la exportación en el Banco Central de Europa se mantienen preocupaciones con respecto a un Euro fuerte ya que esto incrementa el precio de sus bienes afectando las exportaciones.

De conformidad con el apartado 2 del artículo 105 del Tratado constitutivo de la Comunidad Europea, las funciones básicas son:
- Definir y ejecutar la política monetaria de la zona del euro.
- realizar las operaciones de cambio.
- Poseer y gestionar las reservas oficiales de divisas de los países de la zona del euro.
- Promover el buen funcionamiento de los sistemas de pago.

Otras funciones:
- **Billetes**: el BCE tiene el derecho exclusivo de autorizar la emisión de billetes en la zona del euro.
- **Estadísticas**: en colaboración con los BCN, el BCE recopila la información estadística necesaria para llevar a cabo sus funciones, obteniéndola de las autoridades nacionales o directamente de los agentes económicos.

• **Estabilidad financiera y supervisión prudencial:** el Eurosistema contribuye al correcto funcionamiento de las políticas adoptadas por las autoridades competentes, en lo que se refiere a la supervisión prudencial de las entidades de crédito y a la estabilidad del sistema financiero.

• **Cooperación internacional y europea:** el BCE mantiene estrechas relaciones de cooperación con las instituciones, organismos y foros pertinentes, tanto en el ámbito interno de la UE como en el ámbito internacional, siempre que lo requieran las funciones asignadas al Eurosistema.

El Sistema Europeo de Bancos Centrales (SEBC)

El SEBC está compuesto por el Banco Central Europeo (BCE) y los Bancos Centrales de los Estados Miembros (apartado 1 del artículo 107 del Tratado) independientemente de que hayan adoptado el euro.,y está dirigido por los órganos rectores del BCE. Sus funciones básicas son:

• Definir y ejecutar la política monetaria de la comunidad.
• Realizar operaciones de divisas coherentes con las disposiciones del artículo 111.
• Poseer y gestionar las reservas oficiales de divisas de los Estados miembros.
• Promover el buen funcionamiento de los sistemas de pago.

La Organización del banco central europeo

El trabajo del BCE se organiza mediante las siguientes instancias decisorias.

El Comité Ejecutivo: Formado por el Presidente del BCE, el Vicepresidente y otros cuatro miembros, todos designados por común acuerdo de los presidentes o primeros ministros de los países de la zona euro. Su mandato es de ocho años no renovable.

El Comité es responsable de aplicar la política monetaria definida por el Consejo de Gobierno y de dar instrucciones a los bancos centrales nacionales. También prepara las reuniones del Consejo de Gobierno y se encarga de la gestión cotidiana del BCE.

El Consejo de Gobierno: Es la máxima instancia decisoria del BCE. Está formado por los seis miembros del Comité Ejecutivo y los gobernadores de los 12 bancos centrales de la zona euro. Lo preside el Presidente del BCE. Su misión primaria es definir la política monetaria de la zona euro y, en especial, fijar los tipos de interés al que los bancos comerciales pueden obtener dinero del banco central.

El Consejo General: El Consejo General es el tercer organismo decisorio del BCE. Está formado por el Presidente del BCE, el Vicepresidente y los gobernadores de los bancos centrales nacionales de los 25 Estados miembros de la UE. Contribuye al trabajo consultivo y de coordinación y ayuda a preparar la futura ampliación de la zona euro.

El Consejo General puede definirse como un órgano transitorio. Lleva a cabo las tareas desempeñadas anteriormente por el Instituto Monetario Europeo y que el BCE ha de seguir ejerciendo en la tercera fase de la Unión Económica y Monetaria (UEM), debido a que no todos los Estados miembros de la UE han adoptado aún el euro.

Asimismo, el Consejo General contribuye a

- El ejercicio de las funciones consultivas del BCE.
- La recopilación de información estadística.
- La elaboración de los informes anuales del BCE.
- El establecimiento de las normas necesarias para normalizar procedimientos contables y de información relativos a las operaciones realizadas por los bancos centrales nacionales (BCN).
- La adopción de medidas relativas al establecimiento de la clave para la suscripción de capital del BCE distintas de las ya contempladas en el Tratado;
- El establecimiento de las condiciones de contratación del personal del BCE.
- Los preparativos necesarios para fijar irrevocablemente los tipos de cambio de las monedas de los Estados miembros acogidos a una excepción respecto del euro.

Conforme a lo previsto en los Estatutos, el Consejo General será disuelto una vez que todos los Estados miembros de la UE hayan adoptado la moneda única.

Reuniones y decisiones

El Consejo de Gobierno se reúne generalmente dos veces al mes en la sede del BCE en Fráncfort, Alemania.

En su primera reunión mensual, el Consejo de Gobierno valora la evolución monetaria y económica y adopta su decisión mensual de política monetaria. En su segunda reunión, el Consejo considera asuntos relacionados con otras funciones y competencias del BCE y del Eurosistema.

Las actas de las reuniones no se publican, si bien la decisión de política monetaria se da a conocer en una conferencia de prensa que se celebra poco después de la primera reunión del mes. Preside la conferencia de prensa el presidente asistido por el vicepresidente.

Independencia y transparencia

La independencia del BCE favorece el mantenimiento de la estabilidad de precios, como ponen de manifiesto el análisis teórico y la evidencia empírica.

La independencia del BCE queda establecida en el marco institucional de la política monetaria única (en el Tratado y en los Estatutos).

Ni el BCE ni los bancos centrales nacionales (BCN), ni ningún miembro de sus órganos rectores podrá solicitar o aceptar instrucciones de las instituciones y organismos comunitarios, ni de los gobiernos de los Estados miembros ni de ningún otro órgano.

Las instituciones y organismos comunitarios, así como los gobiernos de los Estados miembros, se comprometen a respetar este principio y a no tratar de influir en los miembros de los órganos rectores del BCE (artículo 108 del Tratado).

Otras disposiciones:

Los mecanismos financieros del BCE se mantienen separados de aquellos de la comunidad Europea. El BCE tiene su propio presupuesto. Su capital es suscrito y desembolsado por los BCN de la zona del euro.

Los Estatutos prevén prolongados períodos de mandato para los miembros del Consejo de Gobierno. El mandato de los miembros del Comité Ejecutivo no puede renovarse.

Los gobernadores de los BCN y los miembros del Comité Ejecutivo tienen garantizada la seguridad de sus cargos de la siguiente forma:

• Un mandato mínimo de cinco años para los gobernadores de los BCN;
• Un mandato no renovable de ocho años para los miembros del Comité Ejecutivo del BCE;
• La separación de cualquiera de ellos de sus cargos únicamente en caso de incapacidad o falta grave;
• El Tribunal de Justicia de las Comunidades Europeas es el órgano competente para resolver cualquier conflicto que se plantee a este respecto.

Se prohíbe al Eurosistema conceder créditos a organismos comunitarios o a entidades nacionales del sector público. Esto le protege en mayor medida de cualquier influencia de los poderes públicos.

El Eurosistema ejerce sus funciones de forma independiente. El BCE tiene a su disposición todos los instrumentos y competencias necesarios para instrumentar una política monetaria eficaz y está facultado, además, para decidir de manera autónoma acerca de su utilización.

Además, el BCE está facultado para adoptar las normas de carácter vinculante necesarias para ejecutar las tareas del SEBC, así como en algunos casos previstos en actos específicos del Consejo de la UE.

La transparencia del banco central consiste en que facilita al público y a los mercados toda la información relevante sobre su estrategia, evaluación y decisiones de política monetaria, así como sobre sus procedimientos de una forma abierta, clara y oportuna.

Hoy en día, la mayoría de bancos centrales, incluido el BCE, consideran la transparencia como un elemento crucial. Esto es especialmente cierto en lo que se refiere a su marco de política monetaria. El BCE concede una alta prioridad a la comunicación efectiva con el público.

8.4 La Reserva federal de estados unidos

La Reserva Federal estadounidense, también conocido como Fed (The Federal Reserve System en inglés), es el banco central más poderoso del mundo debido al peso de Estados Unidos en la economía mundial, la importancia de Wall Street y el rol del dólar como principal moneda de reserva del mundo.

Probablemente la FED es el banco central más influyente y conocido del mundo, dado que el dólar americano es la divisa más negociada de todas las transacciones de divisas, de hecho el 90 % de las transacciones en divisas tienen en alguno de sus denominadores al dólar americano (USD) por lo que las acciones realizadas por de la Reserva Federal pueden tener un gran efecto en muchas divisas mundiales.

La Fed es el organismo encargado de conducir la política monetaria del país, regular la actividad bancaria, mantener estabilidad en el sistema financiero y proveer con servicios financieros al gobierno y a entidades públicas y privadas.

A diferencia de la mayoría de los países que cuentan con un Banco Central, a la Fed,, la componen 12 bancos con sede en diferentes ciudades de Estados Unidos, que son dirigidos por un Consejo de Gobernantes (Board of Governors), compuesto por siete miembros.

Estos son elegidos por el Presidente de los EE.UU. y aprobados por el Senado para un periodo de 14 años. Se designan dos miembros de la misma manera como presidente y vicepresidente del Consejo por un período de cuatro años.

El Comité de política monetaria de la Fed (FOMC) se reúne en principio ocho veces por año para decidir la evolución de las tasas directrices. Está integrado por 12 miembros: los siete gobernadores de la Fed, a los que se suman el de la Fed de Nueva York y otros cuatro presidentes de los bancos de reserva regionales.

Mantener al banco central lejos del control político es de crucial importancia en la teoría y en la práctica. El banco tiene el objetivo de mantener la inflación en niveles moderados, sin embargo, para esto, a veces se requiere elevar la tasa de interés, lo cual provoca disminución en el nivel de empleo. Si el banco central no fuera independiente, el gobierno trataría de influenciar para mantener baja la tasa de interés, provocando mayor empleo, abriendo las puertas para la inflación. Por esta razón la Junta de Gobernadores no consulta a los políticos en cuento a la aprobación de alzas en tasas de interés.

De todas formas, la Fed esta sujeta a regulación por el Congreso, que periódicamente revisa las actividades. La Fed envía semi-anualmente un reporte al Congreso para que sea revisado por ambas cámaras.

Además de encargarse de desarrollar la política monetaria del país, el Consejo tiene que supervisar y regular a todos los bancos miembros del Sistema, es decir cada uno de los 12 bancos Federales que conforman la Reserva Federal de Estados Unidos, los consorcios bancarios privados, entidades bancarias internacionales con sede en los Estados Unidos, así como las actividades en los EE.UU. de bancos extranjeros.

El Consejo también tiene un papel muy importante en asegurar el buen funcionamiento y desarrollo del sistema de pagos en la nación.

El FOMC

El FOMC (Federal Open Market Comité en ingles), es un componente del Sistema de la Reserva Federal, que tiene la obligación legal de supervisar las operaciones de mercado abierto en los Estados Unidos y es además el principal instrumento para aplicar la política monetaria estadounidense. El comité fija la política monetaria al especificar el objetivo de corto plazo para esas operaciones, que actualmente es un nivel objetivo para la tasa de fondos federales (la tasa que los bancos comerciales se cobran por préstamos entre ellos de la noche a la mañana). El FOMC también dirige operaciones del Sistema de la Reserva Federal en los mercados de moneda extranjera, aunque toda intervención en ellos es coordinada con el Tesoro de los Estados Unidos, el cual tiene la responsabilidad de formular las políticas estadounidenses relacionadas con el valor del tipo de cambio del dólar.

El de la FOMC consiste en doce miembros con derecho a voto: los siete miembros de la Junta de la Reserva Federal y cinco de los doce presidentes de los Bancos de la Reserva Federal. El presidente del Banco de la Reserva Federal de Nueva York es miembro fijo de este comité, y los otros presidentes sirven plazos rotativos de un año. Las plazas rotativas se colocan de los siguientes 4 grupos de bancos, un presidente por cada grupo: Boston, Filadelfia y Richmond; Cleveland y Chicago; Atlanta, St. Louis y Dallas; Minneapolis, Kansas City y San Francisco.

Todos los presidentes de los Bancos de la Reserva Federal, aunque no tengan derecho a voto, asisten a las reuniones del comité, participan en las discusiones y contribuyen a la evaluación que hace el comité de la economía del país. El comité se reúne ocho veces al año, cerca de una vez cada seis semanas, por ley deben reunirse al mínimo 4 veces por año.

Los doce bancos de la Reserva Federal

Las funciones de cada uno de los doce Bancos de la Reserva Federal son equivalentes. Estos bancos regionales son los depositarios de las reservas de efectivo de las instituciones en el sistema bancario, a las que además les otorgan préstamos. Están a cargo de movilizar los billetes, monedas y en general todo el efectivo en circulación, así como procesar los millones de cheques que se presentan al cobro cada día.

Cada Banco Federal tiene su propio equipo liderado por un presidente, que cuenta con personal para sus actividades diarias y personal de investigación que analiza los datos económicos de cada región e interpretan las condiciones y desarrollos locales. Estas investigaciones son la base que usa el Comité Federal de Mercado Abierto (FOMC) para determinar las tasas de interés.

Los presidentes a cargo de cada uno de los doce Bancos de la Reserva Federal son elegidos entre los directores ejecutivos de cada uno de los respectivos Bancos Federales y deben ser presentados a la candidatura por la junta directiva del banco y son elegidos con la aprobación del Consejo de Gobernantes de la Reserva Federal.

Los periodos de los doce gobernadores de los Bancos Federales como también se conoce a los presidentes, corren consecutivamente en términos de cinco años con vigencia hasta el último día de febrero de los años que terminan en 1 y en 6, por ejemplo 2001, 2006, 2011...

Los presidentes pueden ser reelegidos, pueden tomar posesión de sus funciones aunque el periodo haya comenzado y servir el restante del mismo y luego ser reelecto nuevamente. Están sujetos a retiro obligatorio al cumplir los 65 años, pero aquellos que iniciaron su función después de los 55 años pueden mantenerse en sus funciones hasta tener diez años de servicio o al cumplir 70 años, cualquiera que ocurra primero.

Los 12 bancos están compuestos por:

- Reserva Federal, Boston

Las oficinas principales del Banco Federal del Primer Distrito de Boston se encuentran en Boston, Massachussets. La cobertura del banco incluye los estados de Maine, Massachussets, New Hampshire, Rhode Island, Vermont y Connecticut, excepto por el condado de Fairfield

- Reserva Federal, Nueva York

El Banco Federal de Nueva York da servicio a los estado de Nueva York, al condado de Fairfield en Connecticut, doce condados del norte de Nueva Jersey, al estado libre asociado de Puerto Rico y las Islas Vírgenes de Estados Unidos.

- Reserva Federal, Filadelfia

El Banco Federal de Philadelphia se hace cargo del territorio comprendido en los estados de Delaware, nueve condados del sur de Nueva Jersey y 48 condados del este Pensilvania.

- Reserva Federal, Cleveland

Las oficinas principales del Banco Federal de Cleveland se encuentran en Cleveland, Ohio, pero hay agencias en Cincinati, Ohio y en Pitsburgh, Pensilvania. El Cuarto Distrito cubre el estado de Ohio, 56 condados del este de Kentucky y 19 condados de Pensilvania, así como seis condados del estad de Virginia del Oeste.

- Reserva Federal, Richmond, Virginia

Las oficinas principales del quinto distrito están en Richmond, Virginia y tiene sucursales en Baltimore, Maryland, Charlotte, y Carolina del Norte. Este distrito cubre los estados de Maryland, Virginia, Carolina del Norte y del Sur, 49 distritos del estado de Virginia del Oeste y todo el Distrito de Columbia (donde se encuentra la ciudad capital de Washington.

- Reserva Federal, Atlanta

La oficina principal del Sexto Distrito se encuentra en Atlanta, Georgia y tiene sucursales en Birmingham, Jacksonville, Miami, Nashville y Nueva Orleáns. Comprende los estados del sur, Georgia, Alabama, Florida, 38 condados del sur de Luisiana y 43 del sur de Mississippi.

- Reserva Federal, Chicago

La oficina principal del Banco Federal de Chicago esta localizada en Chicago, Illinois mientras que posee sucursales en Detroit, Michigan. La jurisdicción del séptimo distrito incluye todo el estado de Iowa, 68 condados del norte de Indiana, 50 contados del norte de Illinois, 68 condados del sur de Michigan y 46 condados del sur de Wisconsin.

- Reserva Federal, St. Louis

La oficinas principales del Banco Federal de St. Louis están en la ciudad ese mismo nombre, en el estado de Missouri, pero posee sucursales en Little Rock, Arkansas; Louisville, Kentucky, y en Memphis, Tennessee. Este banco cubre el territorio de los estados de Arkansas; 44 condados del sur de Illinois, 24 condados del sur de Indiana, 64 condados del oeste de Kentuky, 39 condados del norte del estado de Mississippi, 71 condados del este de Missouri, la ciudad de San Louis y 21 condados del oeste de Tennessee.

- Reserva Federal, Banco Federal de Minneapolis

La oficina principal del Banco Federal de Minneapolis esta en esta ciudad pero existe una sucursal en la ciudad de Helena, en Montana. La cobertura geográfica del banco de Minneapolis incluye los estados completos de Minnesota, Montana, Dakota del Norte y Dakota del Sur, la parte norte de la Península de Michigan y 26 condados del norte de Wisconsin.

- Reserva Federal, Kansas City

La oficina principal del Banco federal de Kansas City esta localizada en esa ciudad, pero tiene sucursales en Denver, Oklahoma City y en Omaha, Nebraska. El banco cubre los estados completos de Colorado, Kansas, Nebraska, Oklahoma y Wyoming, así como 43 condados de Missouri y 14 condados de Nuevo México.

- Reserva Federal en Dallas, Texas

Además de la oficina principal de la ciudad de Dallas, Texas, el Banco Federal del undécimo distrito tiene oficinas sucursales en las ciudades de El Paso, Houston y San Antonio. La cobertura de la jurisdicción de este Banco Federal es de todo el estado de Texas, 26 condados del estado de Luisiana y 18 condados del sur del estado de Nuevo México.

- Reserva Federal, San Francisco

La oficina principal del duodécimo distrito esta en San Francisco pero tiene sucursales en otras ciudades como Los Angeles, Portland, Salt Lake City, y Seattle. Este distrito es uno de los más extensos en territorio e incluyen los estados de Alaska, Arizona, California, Hawai, Idazo, Nevada, Oregon, Utah, Washington los territorios de Samoa, Guam y las Islas Marianas.

8.5 *El banco central de Inglaterra*

El Banco de Inglaterra (Bank of England) es el banco central del Reino Unido. Conocido a veces como la "Vieja Dama" de Threadneedle Street, el Banco fue fundado en 1694, fue nacionalizado el 1 de marzo de 1946, y obtuvo su independencia en 1997. Como eje del sistema financiero británico, el Banco está comprometido a fomentar y mantener la estabilidad monetaria y financiera como parte de su contribución a una economía sana. El papel y las funciones del Banco han evolucionado y cambiado a lo largo de sus trescientos años de historia. Desde su fundación, ha sido el banco del Gobierno y desde últimos del siglo XVIII ha sido el banco del sistema bancario en general (el banco de los bancarios). Además de proporcionar servicios bancarios a sus clientes, el Banco de Inglaterra gestiona las reservas británicas de moneda extranjera y oro. Es también el encargado de emitir y controlar la circulación de la libra esterlina (gbd).

El banco de Inglaterra esta catalogado como uno de los más eficaces de todos los bancos centrales.

El Banco tiene dos fines primordiales, la estabilidad monetaria y la estabilidad financiera:

• El mandato de la política del BCI es mantener precios estables y mantener la confianza en la moneda. Para lograr esto, el banco central tiene una meta de inflación de 2%. Si los precios sobrepasan ese nivel, el banco se ocupará de reducir o aplacar la inflación, mientras que si se mantiene un nivel por debajo de 2%, esto provocará que el banco tome medidas para incrementar la inflación.

• El Banco de Inglaterra ha tenido el monopolio de la emisión de billetes de banco en Inglaterra y Gales desde principios del siglo XX. Pero el Banco tan sólo ha tenido la responsabilidad reglamentaria de fijar el tipo de interés oficial del Reino Unido desde 1997.

El Banco es regido por un comité de política monetaria que comprende al gobernador, dos adjuntos al gobernador, cuatro expertos económicos externos y dos directores ejecutivos. El gobernador actual del Banco de Inglaterra es Mervyn King, y el comité se reúne una vez al mes para decidir las políticas monetarias.

Las decisiones sobre tipos de interés corresponden a la Comisión de Políticas Monetarias del Banco. La Comisión tiene que determinar el tipo de interés necesario para alcanzar un objetivo relativo a la inflación global de la economía. El Canciller del Exchequer (Ministro de Economía británico) fija el objetivo de inflación cada año. El Banco de Inglaterra ejecuta sus decisiones sobre tipos de interés a través de sus transacciones en el mercado financiero, es decir, fija el tipo de interés sobre los créditos concedidos por el Banco a bancos y a otras instituciones financieras. El Banco de Inglaterra tiene sólidos vínculos con los mercados financieros y las instituciones. Este estrecho contacto informa gran parte de su trabajo, incluido su papel en materia de estabilidad financiera y la recopilación y publicación de estadísticas monetarias y bancarias.

El Banco de Inglaterra está comprometido a aumentar la concienciación y la comprensión de sus actividades y responsabilidades por parte del público en general y del público especialista. Produce un gran número de publicaciones periódicas o para fines específicos sobre aspectos clave de su trabajo y ofrece diversos materiales educativos. El Banco proporciona asistencia técnica y asesoramiento a otros bancos centrales a través de su Centro para Estudios Bancarios Centrales y tiene un museo gratuito y abierto al público, en sus instalaciones en Threadneedle Street en la City de Londres.

Un Funcionario clave para la determinación de la política monetaria- Mervyn fue A. King, gobernador del BCI. Antes de asumir el papel del gobernador de BCI el 30 de junio de 2003, King era profesor en London School of Economics (escuela londinense de economía). Inicialmente, cuando entro al BCI en 1990, comenzó como director ejecutivo y economista jefe en marzo de 1991 y fue promovido a subgobernador en 1997. La política monetaria de King llamada "Goldilocks" la cual no es demasiado restrictiva ni demasiado complaciente, ha propulsado la economía del Reino Unido en su punto mas alto de crecimiento interrumpido en 200 años.

8.6 El banco central de Japón

Historia del Banco central de Japon

El banco de Japón fue establecido en junio de 1882 y comenzó a funcionar el 10 de octubre de 1882, como el banco central de la nación.

El banco fue reorganizado el 1 de mayo de 1942 con una nueva ley que reflejó fuertemente la situación en tiempo de guerra.

El artículo 1 indicó los objetivos del banco como "la regulación de la modernidad, control y facilitación del crédito y finanzas, y el mantenimiento y el fomentar del sistema de crédito, conforme a la política nacional, para que las actividades económicas generales de la nación se pudieran realzar adecuadamente." La ley de 1942 fue enmendada varias veces después de la Segunda Guerra Mundial. Tales enmiendas incluyeron el establecimiento del tablero de la política como el cuerpo de toma de decisión más alto del banco en junio de 1949.

La ley de 1942 fue revisada totalmente en junio de 1997 bajo los principios de la "independencia" y de "transparencia." La ley revisada entró en efecto el 1 de abril de 1998.

Funciones del Banco Central de Japón

Según la ley del banco de Japón los objetivos de este son las de imprimir billetes y realizar el control monetario para asegurar el establecimiento de fondos entre los bancos y otras instituciones financieras, de tal modo que contribuyan al mantenimiento de un sistema financiero ordenado.

La ley también estipula el principio del banco de modernidad y del control monetario serán dirigidos, a la búsqueda de la estabilidad de precios, contribuyendo al desarrollo sano de la economía nacional.

Debido a que Japón depende mucho de las exportaciones, el BCJ tiene más interés del que tiene el BCE de prevenir o evitar una moneda excesivamente fuerte. El banco central se ha dado ha conocer como uno que ingresa al mercado abierto para debilitar su moneda artificialmente al venderla a los Estados Unidos ya sea respecto al dólar o al euro. El BCJ manifiesta su disconformidad cuando tiene la preocupación de que exista excesiva volatilidad y fuerza de la moneda.

Según la ley del banco de Japón los objetivos de este son las de imprimir billetes y realizar y realizar el control monetario para asegurar el establecimiento de fondos entre los bancos y otras instituciones financieras, de tal modo que contribuyan al mantenimiento de un sistema financiero ordenado.

La ley también estipula el principio del banco de modernidad y del control monetario serán dirigidos, a la búsqueda de la estabilidad del precio, contribuyendo al desarrollo sano de la economía nacional.

Debido a que Japón depende mucho de las exportaciones, el BCJ tiene más interés del que tiene el BCE de prevenir o evitar una moneda excesivamente fuerte. El banco central se ha dado ha conocer como uno que ingresa al mercado abierto para debilitar su moneda artificialmente al venderla a los Estados Unidos ya sea respecto al dólar o al euro. El BCJ manifiesta su disconformidad cuando tiene la preocupación de que exista excesiva volatilidad y fuerza de la moneda.

8.7 El banco nacional suizo

Características del banco nacional suizo

El Banco Nacional Suizo creado en 1907 tiene un estatuto privado. El 58% de su capital es propiedad de los cantones, los bancos cantonales y los entes públicos, y el resto pertenece a inversores privados.

Actualmente nadie en Suiza posee más lingotes y monedas de oro que el Banco

Nacional de Suiza (BNS). El 40% de sus reservas internacionales están ligadas a este metal, mientras el resto están constituidas por divisas como las libras esterlinas, euros, dólares o los yenes japoneses, etcétera. Lo que representa el respaldo de la economía ya que son utilizados como medio de pago para los vencimientos de deuda externa, y son también la herramienta de la que dispone el banco central para garantizar la solidez de su moneda, en este caso, del franco suizo.

Aproximadamente el 50 % del beneficio obtenido por el Banco Nacional de Suiza es gracias al oro. El patrón del oro en el banco Nacional suizo surgió en la primera guerra mundial por el deseo de evitar una repetición de las experiencias monetarias negativas. Por lo que apuntó perseguir una estrategia orientada a la estructura económica que había permitido que la economía del país sobreviviera a las turbulencias monetarias de los años 30.

El Banco Nacional Suizo tiene dos oficinas centrales: uno en Berna y uno en Zurich. Además, mantiene una rama con servicios de distribución de efectivo en Ginebra y cinco oficinas representativas (en Basilea, Lausanne, Alfalfa, Lugano y St Gallen). Además, tiene 16 agencias funcionar por los bancos cantonales que ayudan a asegurar la fuente de dinero al país.

Funciones del Banco nacional Suizo

El banco Nacional Suizo conduce la política monetaria del país como banco central independiente. Es obligado por la constitución y por el estatuto a actuar de acuerdo con los intereses del país en su totalidad. Su meta fundamental es asegurar estabilidad de los precios, y de tomar iniciativa en la progresión economía. Al obrar así, crea un ambiente apropiado para el desarrollo económico.

El BNS determina la banda del tipo de interés (CHF) en lugar de determinar una meta en la tasa de interés, se reúnen aproximadamente cada 3 meses. Al igual que Japón y la euro zona, Suiza también depende mucho de las exportaciones, lo que significa que el BNS tampoco tiene interés en ver su moneda volverse demasiado fuerte. Por lo tanto, su predisposición en general es ser más conservador con las alzas en las tasas.

La importancia de los bancos en Suiza

Bancos e institutos financieras tienen un papel importante en la economía de Suiza. El franco suizo es una de las monedas más estables del mundo. El mercado suizo de dineros y capitales es notorio en todo el mundo. Los bancos suizos más grandes (UBS y Credit Suisse) se encuentran entre los líderes mundiales.

Un elemento característico de los bancos suizos es la existencia del secreto bancario protegido por la ley de dicho país.

Los suizos son campeones mundiales en la administración de bienes privados. Gestionan un 35% de todos los fondos privados e institucionales del extranjero. Tanto la UBS como la Credit Suisse generan más de un tercio de sus beneficios en este sector.

Por otra parte, Suiza también cuenta con algunos bancos privados que son propiedad de individuos adinerados que asumen la plena responsabilidad de las actividades bancarias. En otras palabras, los propietarios bancarios podrían perder su entera fortuna en el caso no muy probable de una bancarrota. Estos bancos se sienten cada vez más presionados por la crecida competición sobre todo de los grandes bancos comerciales que empezaron a ofrecer servicios parecidos.

Algunos bancos extranjeros, entre ellos la Deutsche Bank y Barclays, trasladaron el centro de sus actividades en el sector de la banca privada a Ginebra.

Suiza tiene también una red de bancos cooperativos, la red Raiffeisen, con sus 537 sucursales sobre todo en pequeñas villas y aldeas. Cada sucursal es autónoma, sus miembros son activos en la toma de decisiones y llevan la corresponsabilidad del capital de su sucursal.

En el 2004 trabajaban 115.600 personas a tiempo completo en el sector bancario, de las cuales unas 16.000 fuera de Suiza.

Tema 9 : Temas de interés

9.1 Los tipos de interés

En el mercado del forex, especialmente si realizamos operaciones a largo termino y no operamos en el mercado intradiario, debemos tener en cuenta los intereses de los respectivos pares de divisas, pues estos pueden ir a nuestro favor o en nuestro contra.

Cada divisa tiene un "costo de detención" asociado al hecho que se la conserva más de un día. En las divisas este "costo" está en función de la diferencia de tasas de interés entre las 2 divisas (Swap points) sobre las cuales usted está posicionado (el par, "long" en una divisa, "short" en la otra)

Por ejemplo, en el EUR/JPY, el diferencial de tasa de interés es la diferencia entre las tasas largas Europeas y las tasas cortas Niponas.

Si las tasas de interes Europeas son del 3.75 % y las tasas Niponas del 0.5 %, el diferencial entre las dos tasas es del 3.25%. Esto quiere decir que si un "trader" compra EUR/JPY (pasa a estar "long" en Euro y "Short" en Yens) él recibirá 3.25 % por año de detención de este par de divisas. En el caso contrario, si él vende EUR/JPY, eso le costará 3.25 % igualmente por año de detención.

Un beneficio del 3.25 % anual puede parecer reducido a priori, pero el forex nos ofrece la ventaja del apalancamiento 1/100 lo cual significaría hasta un 325 % de beneficio anual solo con intereses .

Sin embargo esas operaciones pueden llevar a mucho riesgo, sobre todo si la divisa retrocede en su valor. Por lo que siempre usaremos un margen de apalancamiento mucho menor.

Siguiendo el ejemplo del grafico , en una operación en la que dispusiéramos de 1000 $ en nuestra cartera y con la cual realizaríamos utilizando el apalancamiento una operación por valor de 10000 en posición long a fecha de 8/5/2006 al precio de 143 y mantuviéramos nuestra operación abierta durante un año.

Pasado un año desde nuestra inversión podemos ver como el precio del euro respecto al yen a subido a 163.19 con lo que nuestro beneficio en este periodo seria la diferencia entre valores mas los intereses acumulados en este periodo de tiempo.

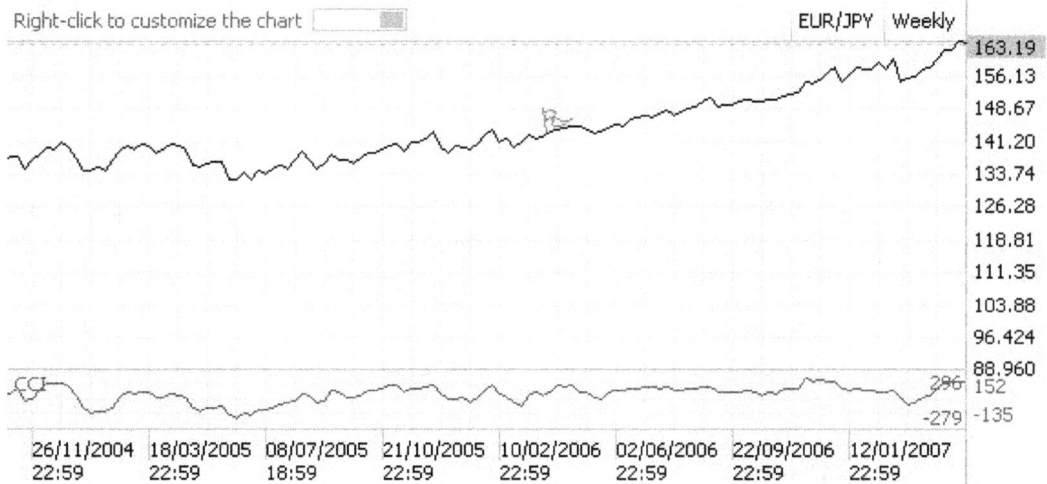

Calculo de beneficios:

Porcentaje de beneficio por unidad = (163.19 / 143)*100= **14.11 %**
Beneficio según cantidad invertida = 10.000 * 14.11 % = **11411**
Benéfico neto por diferencia valor = **1411**
Beneficio por intereses = (3.25 * 10000)/100 = **325**
Total beneficio neto = 325 + 1411 = **1736**
Saldo total de nuestras cuentas = 1000 + 1736 = **2736**

Con lo cual determinamos que dicha operación con 1000 en el plazo de un año acabarían otorgándonos un beneficio de 1736 netos , disponiendo trascurrido una año de 2736 en nuestra cartera.

A tener en cuenta sobre las tasas de interes:

Las tasas de interes son uno de los puntos mas importantes en el mercado de divisas y todas sus posibles variaciones comunicadas por los respectivos bancos centrales deben ser seguidos siempre de cerca ya que cualquier noticia sobre tasas de interés puede afectar de manera directa los mercados de divisas.

Tradicionalmente, si un país sube sus tasas de interés, la moneda de ese país se fortalecerá frente a las monedas de otros países, ya que los inversores invertirán en la moneda de tal país para obtener un mayor rendimiento. Sin embargo, las subidas de las tasas de interés son con frecuencia una mala noticia para los mercados accionarios. Algunos inversores retirarán sus inversiones en acciones del país en que subieron las tasas de interés, al creer que costos más altos de endeudamiento tendrán un efecto adverso sobre el balance y resultarán en acciones devaluadas, debilitando así la divisa del país. El efecto domina puede ser engañoso, aunque generalmente existe cierto consenso de antemano sobre cómo repercutirá el cambio en la tasa de interés. Los indicadores que tienen una mayor influencia sobre las tasas de interés son el Indice de Precios Mayoristas, el Indice de Precios al Consumidor y el Producto Bruto Interno. Generalmente se conoce de antemano el momento oportuno para realizar los cambios en la tasa de interés. Estos cambios tienen lugar luego de reuniones regulares del Banco de Inglaterra, la Reserva Federal de los EE.UU., el Banco Central Europeo, el Banco de Japón y otros bancos centrales.

9.2 Repercusiones y fluctuaciones horarias y diarias

En todo momento, en alguna parte del planeta, inversores individuales, corporativos e institucionales están operando su capital en los mercados de divisas. Y esto ocurre durante cada minuto del día y de la noche, porque se trata de un Mercado ininterrumpido las 24 horas, que va "persiguiendo al sol".

Abierto los domingos a las 14:00 hora de Nueva York hasta los viernes a las 16:00 hora de Nueva York, Las horas de actividad se sobreponen: cuando Tokio comienza la actividad del día, en Suiza todavía es de noche y en Nueva York apenas están terminando la jornada anterior. Cuando Tokio ya está finalizando su sesión, Suiza y Europa ya han abierto sus plazas; seis horas más tarde, Nueva York se une a la actividad, al tiempo que en Tokio ya es de noche.

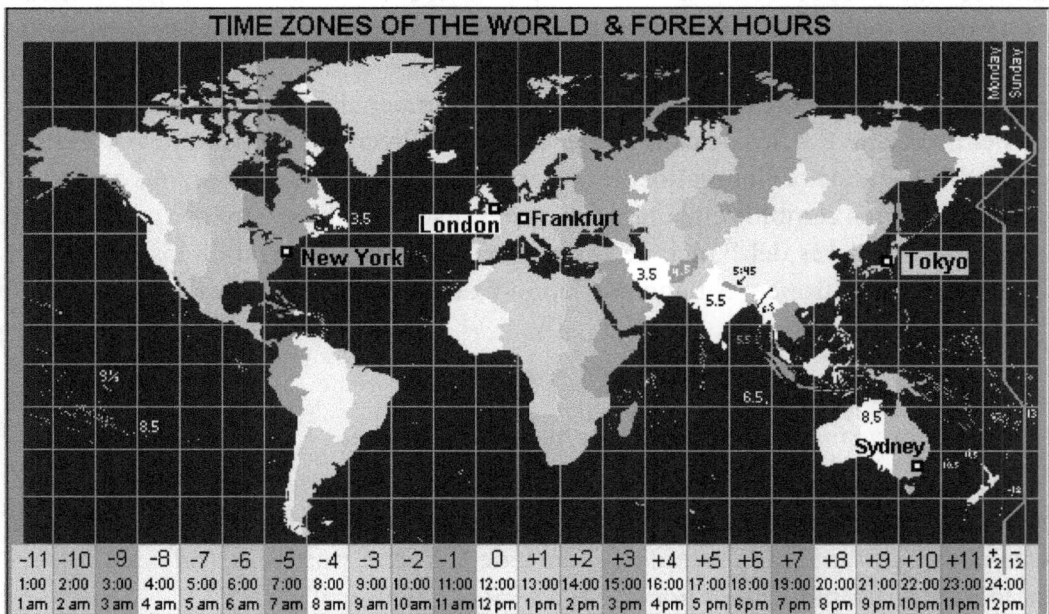

Los horarios en los que se abren los mercados:

	Inicio Cierre (Hora del Este)	Inicio Cierre (Hora GMT)
Sesión Asiática	07:00 p.m. 04:00 a.m.	00:00 09:00
Sesión Europea	03:00 a.m. 12:00 p.m.	08:00 17:00
Sesión Americana	08:00 a.m. 05:00 p.m.	13:00 22:00

Se observa mayor actividad en el mercado cuando coinciden los horarios de Asia y Europa (0:00 EST 02:00 EST), Europa y Nueva York (08:00 EST 11:00 EST), y Asia y Nueva York (17:00 EST 21:00 EST). Todos los pares de divisas principales se operan frecuentemente durante los horarios de Nueva York y Londres. El mercado de Asia, sin embargo, maneja pares como el AUD/JPY y EUR/JPY con mayor frecuencia.

Estos horarios presentan buen volumen por la mayor cantidad de transacciones que se están realizando. Asimismo, se visualizan dentro de cada sesión mayor volumen en las aperturas de las bolsas principales de cada país, como en el cierre.

El siguiente gráfico muestra la interrumpida actividad diaria que se despliega en el Mercado FOREX durante las diversas jornadas:

Daily trading activity of the foreign exchange market.

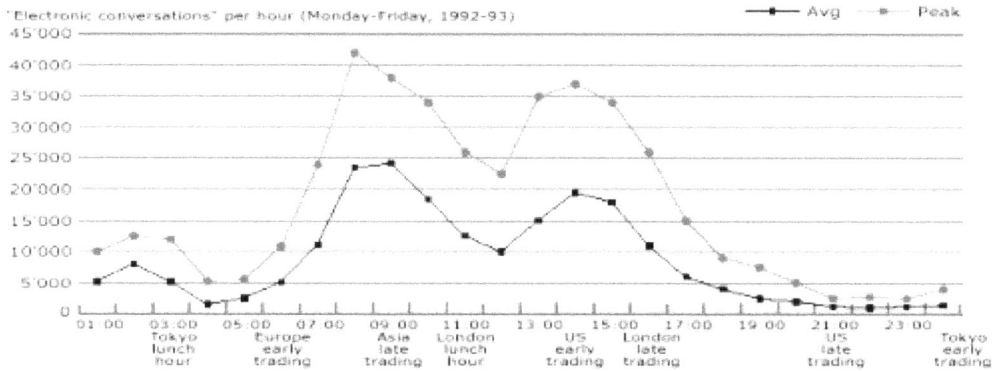

'Electronic conversations" per hour (Monday-Friday, 1992-93)   ■— Avg   ···■··· Peak

Note: Time value is Greenwich Mean Time (GMT)
Source: Reuters

Podemos observar en la tabla siguiente el promedio de moviendo de puntos diarios de los tres principales pares operados de cada sesión (estudio efectuado por fxstreet durante 6 meses)

	EUR/USD	GBP/USD	USD/JPY
Sesión Asiática	65	80	60
Sesión Europea	78	98	71
Sesión Americana	68	77	60

No todos los días suelen mostrar el mismo volumen. En la tabla veremos el promedio de puntos de cada sesión por cada día:

Sesión	EUR/USD	GBP/USD	USD/JPY
Domingo	21	28	18
Lunes	84	112	86
Martes	95	138	96
Miércoles	96	144	92
Jueves	74	3	73
Viernes	69	89	71

Como podemos visualizar en la tabla, martes y miércoles son los días de mayor movimiento en el mercado. Los lunes suelen ser días de escasa variación en los precios, sobre todo en la sesión americana. Por otro lado, los días viernes suelen producirse movimientos hasta las 12:00 pm. (ESTE), luego el volumen cae hasta el cierre.

También es interesante el trabajo ha publicado por el banco central de Suiza de la pluma de Angelo Ranaldo titulado: "Segmentation and Time-of-Day Patterns in Foreing Exchange Markets". En el que nos intenta demostrar datos bastante interesantes como veremos a continuación.

- Que las pautas estaciónales existen incluso a nivel intradía.

- Que la teoría de la eficiencia es un error, por lo que si uno trabaja descubriendo anomalías del mercado tendría posibilidades teóricas de batirlo, lo cual evidentemente no quiere decir que vaya a ser tarea fácil.

Los investigadores del banco central suizo iban a la caza y captura de algún modelo intradía fiable en los mercados de Forex y está fuera de toda duda como veremos más adelante que lo han conseguido en algunas de sus conclusiones:

1- Las divisas de cada país tienen una clara tendencia intradía a depreciarse en el horario laboral normal de su propio país.

2- Las divisas de cada país tienen una clara tendencia intradía a apreciarse en el horario laboral normal del país extranjero que da contrapartida.

Por ejemplo el euro frente al dólar, según esta teoría tendería a apreciarse en las horas normales matinales en que están las oficinas europeas abiertas y a depreciarse por la tarde cuando las que están abiertas son las oficinas de EEUU.

Las razones que justiciarían este comportamiento, son de sentido común, los operadores necesitan manejar euros contra otros cruces, su divisa normal más a menudo cuando están en sus oficinas cuando no sucede justo al revés.

Para comprobar si eso sucedía así tomaron una década de los siguientes cruces: USD/CHF, EUR/USD, EUR/JYP y USD/JYP.

Empiezan las pruebas en enero de 1993 y las terminaron en agosto de 2005, como vemos un período de tiempo amplio y representativo.

Las conclusiones son muy claras:

1- En el USD/CHF, el dólar se aprecia significativamente entre las 5 a.m. y las 13 p.m. GMT y el franco entre las 17 a 23 horas GMT.

2- El EUR/USD, pierde claramente entre las 8 y las 12 GMT y gana el euro entre las 16 a 22 horas GMT .

3- El EUR/JYP en frente al euro pierde claramente entre la 1 y 6 GMT y gana entre las 8 y 15 GMT.

4- El yen frente al dólar pierde claramente entre las 22 y las 4 GMT y gana entre las 12 y las 16h. Como vemos en este estudio el axioma queda demostrado, las divisas tienden a estar más débiles de media y a largo plazo de manera significativa en los horarios normales en su país y suben en cambio cuando están abiertas las oficinas de su contrapartida.

Una forma muy gráfica de cuantificar esto, es lo que propone el banco central suizo en su informe, aplicar un sistema sencillo, que esté largo en un cruce en un período favorable y corto en el desfavorable. Los resultados son realmente sorprendentes, tras haber buscado las mejores combinaciones horarias.

- En el cruce franco dólar, el mejor horario para largos de francos es de 8 a 12 GMT y le mejor para cortos de 12GMT a 16.

- En el cruce euro dólar, largos de 8 a 12 GMT y cortos de 16 a 20 horas GMT.

Pues bien, aplicando de forma constante una táctica de entrar largos y cortos en cada una de las franjas horarias propuestas, se habrían conseguido estos resultados medios anuales:

- En el cruce franco dólar 7,21 %s de ganancia en largos y 5,17%s en cortos, es decir 12,38 %s anualizado.

- En el cruce euro dólar 10,32 %s de ganancia en largos y 6,39%s en cortos, es decir 16,71 %s anualizado.

Además según se detecta en el informe hay días de la semana donde la pauta es más fuerte, y por ejemplo usando esta misma táctica solo los lunes en el cruce franco dólar, se consigue más que estando todo el año .Largos de francos de 8 a 12 GMT y cortos de 12GMT a 16 solo los lunes da 14,76%s, en el euro -dólar, aplicando el horario más favorable antes comentado pero solo los lunes el beneficio anualizado es del ¡19,48%s!.

9.3 Teoría de la paridad del poder adquisitivo , PPA

La globalización económica, como proceso de integración que tiende a crear un solo mercado mundial, se inició después de la Segunda Guerra Mundial, pero se aceleró en la década de los ochenta y sobre todo en los noventa debido a una serie de factores:

• Reducción de las barreras comerciales y el auge del comercio mundial.
• Estandarización de los bienes y servicios, y la homogenización de los gustos a nivel mundial.
• Reducción del espacio geográfico por la mejoras en las telecomunicaciones y transportes.

- El colapso del mundo comunista y el fin de la guerra fría.
- La disminución del papel del estado en la economía y la creciente privatización de la misma.

En estas condiciones los bienes y servicios deberían tener el mismo precio en cualquier parte del mundo en términos de cualquier moneda, ya sean Dólares, Yenes, Euros, Pesos, etc.

La relación entre los niveles de precios en dos países y el tipo de cambio entre sus monedas se llama paridad de poder adquisitivo, PPA, o paridad del poder de compra, teoría creada por el economista británico David

Ricardo, uno de los primeros exponentes de la economía política clásica.

La teoría de la "Paridad del Poder Adquisitivo" afirma que los tipos de cambio entre las diversas monedas deben ser tales que permita que una moneda tenga el mismo poder adquisitivo en cualquier parte del mundo.

Si con 1.000 dólares se puede comprar un televisor en Estados Unidos, con esos mismos 1.000 dólares se debería poder comprar también en España, en Japón, o en Timor Oriental.

El arbitraje internacional es el que garantiza que esta ley se cumpla:

El arbitraje internacional es una operatoria seguida por numerosos inversores y especuladores que vigilan los mercados internacionales en busca de "gangas": diferencias de precio entre dos mercados que permita comprar barato en un sitio y al mismo tiempo vender caro en otro, obteniendo un beneficio sin correr ningún riesgo.

Si la paridad del poder adquisitivo no se cumple, esto permite a los inversores realizar sus operaciones de compra-venta, y esta misma operatoria hace que el tipo de cambio se mueva hasta que se vuelve a cumplir la ley de la paridad.

Veamos un ejemplo:

Supongamos que el tipo de cambio USD/JYP es 100 (con un dólar se pueden comprar 100 yenes) y que un mismo automóvil cuesta en Estados Unidos 10.000 dólares y en Japón 900.000 yenes.

El precio de este automóvil en el mercado japonés (convertido a dólares) sería de 9.000 dólares, lo que haría que los vendedores americanos de automóviles importasen este coche de Japón y lo vendiesen en su país, ganando 1.000 dólares simplemente por la diferencia de precio.

Esto originará una fuerte demanda de yenes por parte de las empresas importadoras americanas, que hará que éste se aprecie. El tipo de cambio de equilibrio se alcanza cuando el precio expresado en dólares fuese el mismo en ambos mercados.

900.000 yenes / Tipo de cambio = 10.000 $

Luego, el tipo de cambio de equilibrio = 900.000 / 10.000 = 90 JYP/USD

Con este nuevo cambio el precio de este coche (expresado en dólares) sería igual en Japón que en Estados Unidos (10.000 dólares).

Como los niveles de precio varían en los países con distinta intensidad, el tipo de cambio nominal (aquel que todos conocemos y que no depura el efecto de los precios) se tendrá que ir ajustando para recoger estas diferencias de precio y permitir que se siga cumpliendo la paridad.

Este ajuste del tipo de cambio nominal permitirá que el tipo de cambio real (depurado el efecto de los precios) permanezca constante, manteniéndose la paridad del poder adquisitivo.

Continuamos con el ejemplo anterior:

Partimos del tipo de cambio de equilibrio (90 yenes/$). Transcurre un año y los precios en Estados Unidos suben un 5% y en Japón un 10% (si consideramos los precios de ambos países en base 100 al principio del ejemplo, transcurrido este año este índice será 105 en Estados Unidos y 110 en Japón).

Teniendo en cuenta la inflación, el precio de este automóvil será ahora de 10.500 dólares en el mercado americano y de 990.000 yenes en el mercado japonés.

El nuevo tipo de cambio nominal para que se siga cumpliendo la paridad del poder adquisitivo:

990.000 yenes / Tipo de cambio = 10.500 $

Luego, nuevo tipo de cambio de equilibrio = 990.000 / 10.500 = 94,28 Yenes/$

El tipo de cambio del yen respecto al dólar se habrá depreciado para compensar el mayor crecimiento de sus precios.

La variación del tipo de cambio nominal responde a la siguiente fórmula:

Tc = Tcr* (Pext / Pint)

Donde:

"Tcr": Tipo de cambio real
"Tc": tipo de cambio nominal
"Pext" nivel de precios en el extranjero
"Pint ": nivel de precios en el país

Vamos a aplicar esta fórmula al ejemplo que estamos viendo:

Tc = 90 * 110 / 105 = 94,28

Sin embargo, en la realidad raramente el tipo de cambio estará en su nivel de "equilibrio". Por un lado muchos de los bienes y servicios que se producen en una economía son poco o nada "exportables": un corte de pelo, una vivienda, la educación, los servicios públicos,... por lo que no se ven expuestos a la competencia del exterior. Lo mismo ocurre con otros sectores considerados estratégicos que son protegidos por los gobiernos nacionales.

Por otro lado hay otros factores que generan desviaciones respecto al valor de la PPA: crecimiento económico, riesgos geopolíticos (favorecen a las divisas más sólidas), shocks en los mercados financieros (escándalos contables) o de materias primas (petróleo), la política de reservas de los Bancos Centrales, las estrategias de los fondos de inversión y de pensiones, etc.

Otros bienes si se pueden comercializar pero sus costes de transporte son tan elevados que impiden el arbitraje: un ladrillo puede ser más caro en Francia que en España pero el coste de transporte y otros gastos como aranceles probablemente supere la diferencia de precios.

En el corto plazo los precios son rígidos y no absorben con al misma velocidad los movimientos experimentados por el tipo de cambio, siendo este más volátil.

De este modo, el tipo de cambio PPA debe considerarse una referencia a largo plazo para la cotización de mercado, que oscilará en torno a ella en ciclos que pueden ser muy prolongados en el tiempo.

Además de funcionar como referencia en los mercados de divisas, la PPA también se utiliza para comparar con mayor precisión la prosperidad de los países al tener en cuenta el poder adquisitivo de las monedas. Normalmente, las diferencias entre países ricos y pobres se estrechan al utilizar la PPA, ya que el nivel de precios en los segundos es proporcionalmente inferior a los primeros.

El índice Big Mac

Desde 1986 la revista inglesa The Economist utiliza la hamburgesa Big Mac de McDonald's para medir el grado de fortaleza o debilidad de una moneda frente a otras divisas.

La Big Mac, es una hamburguesa de una libra sin aderezos que se vende en muchos países con sólo ligeras variaciones de receta.

Es lo que en términos económicos se conoce como un bien homogéneo. De esto ha resultado el 'índice Big Mac' que ofrece una aproximación al grado de devaluación o revaluación de una moneda determinada.

9.4 La relación entre las divisas y el precio del crudo

Mirando retrospectivamente en las mentes de muchos de los operadores, a 50 $ parece ser ahora el precio más bajo al que podríamos ver de nuevo una caída del crudo. El fuerte incremento en los precios de energía tiene a los mercados expectantes analizando a donde se dirigirá en un futuro el precio del crudo y qué cotización sería la ideal para beneficiarse de este movimiento.

Algunos operadores pronosticaban tiempo atrás que el precio del petróleo tocaria los US$80 por barril mientras que algunos más agresivos hablanban ya de los US$100 por barril. Todavía, en cada panorama hay escépticos que también tienen argumentos válidos y en este caso, los escépticos del petróleo aseguran que el alza en los precios es una burbuja especulativa la cual estallará tarde o temprano. No obstante, para la mayoría de operadores y analistas que actualmente se están beneficiándose de los altos precios del crudo, operar divisas que tienen una relación directa con el petróleo es un esfuerzo más provechoso debido a la posibilidad única de ganar no solamente en la apreciación de capital, sino también en renta de interés, algo que los contratos de futuros no pueden ofrecer.

El alza en el precio del petróleo ha sido el encabezado en los mercados financieros alrededor del mundo por meses. La fuerte y continua demanda de países como China e India, la inhabilidad de Arabia Saudita y otros países del grupo de la OPEP para incrementar la producción de crudo; así como varios problemas climáticos han fomentado la monumental subida de precios.

¿Por qué operar con CAD/JPY?

Hay muchas razones por las cuales el par CAD/JPY debe estar encabezando la lista de las cotizaciones a operar para los que tengan una opinión sobre el precios del petróleo. Según lo indicado en el grafico siguiente, hay una relación clara entre estos dos elementos. Desde el principio de 2004, los precios del petróleo y el dólar canadiense - yen japonés de la cotización (CAD/JPY) ha tenido una correlación positiva del 87%. De hecho, para la mayor parte, el crudo incluso actúa como indicador principal para la cotización CAD/JPY. Esta relación proviene de las características básicas de cada uno de estos países que los enlaza directamente con el comportamiento del petróleo en el mercado:

CADJPY vs Petróleo

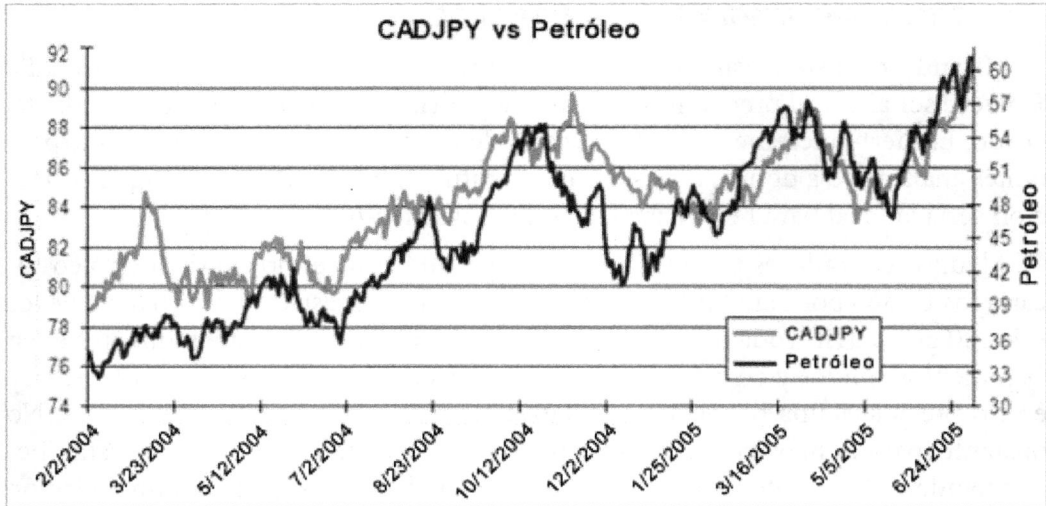

Canadá es el noveno productor más grande del petróleo crudo del mundo y su producción en campos petrolíferos está incrementando regularmente. En 2000, Canadá sobrepasó a Arabia Saudita como el proveedor más significativo de petróleo de los EE.UU. Sorprendería a muchos saber que el tamaño de sus reservas de crudo es solo superada por Arabia Saudita. La proximidad geográfica entre los EE.UU. y el Canadá, así como la creciente incertidumbre política en el Medio Oriente y Suramérica hace de Canadá uno de los lugares más deseables para que los EE.UU. importe petróleo. Con todo Canadá no puede cumplir en su totalidad la demanda de los EE.UU. Los extensos recursos de crudo del país ya están comenzando a conseguir toda la atención de China, especialmente después de que Canadá descubriera nuevos yacimientos petrolíferos de categoría recuperable después de una reclasificación de sus arenas de crudo en el área de Alberta. China ha comenzado a manifestar su interés en compañías petroleras canadienses incluyendo MEG Energy Corp. PetroChina también ha firmado un acuerdo de cooperación con una de las compañías de Oleoductos más grandes de Canadá. Se espera que la cooperación energética entre China y Canadá aumente significativamente, salvo cualquier protesta por parte de los EE.UU. China importa actualmente el 32% de su petróleo y según un informe de la Agencia Internacional de Energía, las necesidades de importación por parte de China se espera se dupliquen para antes del 2010 a una cifra que igualaría la de los EE.UU. para el año 2030. Esto hace a Canadá y al dólar canadiense uno de las mejores cotizaciones para tomar ventaja de la oleada de alzas en los precios del petróleo.

En el otro lado del espectro, es Japón, que importa el 99% de su petróleo (comparado al 50% de los EE.UU.) Su carencia de fuentes domésticas de energía y su continua necesidad de importar cantidades extensas de petróleo crudo, gas natural, y otra serie de recursos energéticos, lo hacen particularmente sensible a los cambios en los precios del petróleo en el mercado mundial.

Sin lugar a dudas, hay un miedo inherente en el mercado de que los continuos aumentos en los precios del petróleo podrían hacer descarrilar el proceso de recuperación económica en Japón. Aunque Japón ha podido mejorar las fluctuaciones con el tiempo, todavía no son inmunes a la fricción que los precios del petróleo tienen en su economía local. Si los precios del petróleo continúan elevándose, frenará la demanda global, debilitando las compras de exportaciones japonesas en los mercados del mundo. En recientes semanas, el Yen japonés ha tenido una negativa correlación relacionada con las fluctuaciones en precios del petróleo. Mientras los precios del petróleo sigan su continua alza, se espera que el Yen japonés reaccione negativamente.

Según lo indicado en el gráfico anterior, si la correlación que hemos visto en él ultimo año sigue su ritmo, los precios del petróleo tocarían los US$80 por barril, pero también esperaríamos se pueda dirigir hacia los US$100 por barril. Si los precios del petróleo se retraen al nivel de los US$40 por barril por otra parte, el par CAD/JPY podría caer de nuevo a 80 yenes por dólar canadiense.

La razón por la que CAD/JPY es una mejor alternativa para expresar su perspectiva del petróleo US$100 que los contratos de futuros es su única capacidad de generar interés en las operaciones, a diferencia de los contratos de futuros. Si usted comprara directamente un contrato de futuros y el petróleo eleva su precio, usted conseguirá ganar sobre el capital. Sin embargo, si usted compra la cotización CAD/JPY, y el precio del petróleo está al alza usted ganará no solamente sobre el capital, sino también puede ganar sobre el interés diariamente. Canadá ofrece un diferencial positivo de tasas de interés sobre Japón, que parece pequeño a primera vista. Sin embargo, también hay que tomar en consideración el apalancamiento, lo que hace la renta por el interés sustancialmente más alto. Ningún otro producto puede ofrecerle interés y ganancias sobre el capital.

Con todo, es también importante observar que el punto de vista contrario puede ser verdad. Para los que piensen los precios del petróleo se moverán hacia abajo, vender el par CAD/JPY requerirá pagar interés sobre base diaria.

9.5 *El scalping*

El scalping es una modalidad de especulación llevada a su máxima expresión. La persona que hace scalping opera en bolsa para obtener ganancias pequeñas en períodos de tiempo muy reducidos, es decir compra a y las vende por una diferencia de muy poco margen.

El scalping entra dentro del trading intra-día, se puede llegar a comprar y vender un valor en menos de 1 hora o en cuestión de segundos intentado obtener rentabilidad pero conlleva un numero elevado de operaciones con un beneficio o perdida pequeño en cada una de ellas. Los scalpers intentan continuamente, una y otra vez, comprar al precio de demanda y vender al precio de oferta obteniendo así el beneficio que proporciona el "spread" o diferencia de precio existente entre ambas.

El scalping es una tecnica dura y costosa para la cual para ganar 1 millo hay que hacer un millón de operaciones, y en la que siempre acaba ganado mas el broker que el scalper.

Sin lugar a duda la técnica del scalping se esta convirtiendo en una técnica muy popular en los últimos años

Entre las ventajas mas importantes del scalping están:

- Usualmente tienen alta efectividad
- No hay riesgo "overnight"
- Perdidas pequeñas en cada transacción.
- Muchas oportunidades para obtener ganancias al día

Usualmente, los operadores solo analizan las ventajas de cierta estrategia, y se olvidan completamente de las desventajas que puede tener.

Entre las desventajas mas importantes están:

- Depende directamente de la efectividad del sistema
- Ganancias pequeñas en cada transacción.
- Alto nivel de estrés emocional y presión psicológica
- El broker debe tener una plataforma con ejecución rápida
- Estas estrategias usualmente tienen una beneficio muy bajo
- Altos costos de transacción (se paga mucho por spread o comisiones).
- A la mayoría de los broker no les gustan los "scalpers" y los ponen en ejecución manual, asi como puede cancelarles ciertas operaciones al ser ejecutadas fuera del precio de mercado.

Una vez reconocidas las ventajas y desventajas de este estilo de operación, debemos hacer un análisis para asegurar que este estilo de operación se ajusta a nuestra personalidad y es adecuada para cada trader en particular.

Consejos para scalpers:

- Tener nuestra estrategia scalper bien definida, que no haya duda entre si existe o no una señal de entrada al mercado.

- En tendencia alcista haz más operaciones de compra, y en tendencia bajista haz más operaciones de venta.

- Es recomendado utilizar el comportamiento del precio como una variable importante para las entradas y salidas del mercado.

- Recuerden comprar al precio de demanda y vender al precio de oferta una y otra vez, una y otra vez. Como un boxeador, directo-crochet, directo-crochet; una y otra vez, una y otra vez, hasta tumbar al adversario.

- Normalmente un scalper es rápido al tomar ganancias (pocos pips), debemos también intentar ser rápidos en la toma de perdidas (incluso mas rápidos que con las ganancias).

-En muchas ocasiones, una posición de muy corto plazo puede resultar en una excelente posición a mediano plazo, tomar en consideración dejar algunas posiciones a mediano plazo cuando se tienen ganancias aplicando training stop.

- Intenta mover tu stop loss para proteger ganancias una vez que tu transacción este en territorio de ganancias.

Las siguiente tabla muestran con diferentes tipos de acierto (70 y 40%) en nuestras operaciones y usando un diferente tipo de ratio cuales los resultados posibles.

Entenderemos como ratio la diferencia entre el limite de perdida y de ganancias siendo un ratio de 2 : 1 que colocaremos el cierre de nuestros beneficios al doble de distancia que el cierre de nuestra perdidas.

Cantidad de aciertos = 70 % riesgo por operación = 1000 $				
Ratio	5 :1	1 : 1	1.5 : 1	2 : 1	3: 1
Inversión inicial	50000 $	50000 $	50000 $	50000 $	50000 $
Resultado final	51500 $	62000 $	72500 $	83000 $	104000 $
Beneficio	3 %	24 %	45 %	66 %	108 %

Cantidad de aciertos = 40 %		Riesgo por operación = 1000 $		
Ratio	5 :1	1 : 1	1.5 : 1	2 : 1	3: 1
Inversión inicial	50000 $	50000 $	50000 $	50000 $	50000 $
Resultado final	38000$	44000$	50000$	56000$	68000$
Beneficio	-24 %	- 12 %	0 %	12 %	36 %

Con estas tablas podemos ver que usando esta técnica con solo tener una cantidad de aciertos de un 40 % y un ratio de 2 : 1 obtenemos beneficios. Es seguro que muchos operadores pueden obtener un nivel mayor de acierto que un 40 %.

Aunque debemos tener en cuenta que en nuestra operación siempre juega en nuestro contra la comisión del broker lo cual como comentábamos al principio es una de las grandes desventajas del sistema.

Tema 10 : El inversor

10.1 Psicología del operador

En el mundo de las inversiones hay que tener a veces la sangre fría y saber aceptar los errores así como aprender de ellos, pero es importante tener claras las ideas, una idea clara de cual es nuestro objetivo y la finalidad no dejándonos nunca llevar por un presentimiento o la suerte, pues tenemos nuestras inversiones y dinero en juego.

Estudie su inversión:

Nunca debemos dejar a la suerte nuestras inversiones o a un simple presentimiento, analice siempre las operaciones que va a realizar, estudie todas las posibilidades y haga un análisis antes de decidir.

Un comprador medio se piensa varias veces antes de gastarse 500 $ en un objeto, muchas veces los operadores abren operaciones con mayores cantidades con solo un presentimiento, no deje nada a la suerte asegúrese de que su inversión la a estudiado y a puesto los respectivos "stop lose" y "limit" para cada operación.

Deje continuar sus ganancias:

Este concepto simple es uno de los más difíciles de implementar y es la causa del fracaso de muchos operadores. La mayoría de los operadores rompen su plan original y retiran sus ganancias antes de alcanzar el objetivo de ganancias porque no se sienten cómodos al mantenerse en una posición redituable. Estas mismas personas fácilmente se mantienen en posiciones que generan pérdidas, permitiendo que el mercado se mueva en su contra por cientos de puntos con la esperanza que el mercado se vuelque a su favor. Además, los operadores cuyas órdenes stop han sido tocadas varias veces y vieron cómo el mercado se volcaba a su favor una vez que habían salido de la operación, suelen sacar las órdenes stops de sus operaciones creyendo que ese va a ser siempre el caso. ¡Las órdenes stop están ahí para que el mercado las toque y para prevenir que usted pierda más dinero que una suma predeterminada! La creencia errónea es que toda operación va a generar ganancias. Si 3 de cada 6 operaciones que ejecuta son correctas y ganadoras, entonces le está yendo bien. Entonces, ¿cómo gana dinero si sólo la mitad de sus operaciones son exitosas?

Simplemente permita que sus ganancias en las operaciones exitosas continúen y mantenga las pérdidas al mínimo.

No se case con sus operaciones:

La razón por la cual operar con una plan es el consejo N°1 es porque la mayoría del análisis objetivo es hecho antes de que se ejecute la operación. Una vez que el operador está en una posición, tiende a analizar el mercado en una manera diferente con la "esperanza" de que el mercado se mueva en una dirección favorable en vez de observar objetivamente los factores cambiantes que puedan haberse tornado en contra de su análisis original. Esto es particularmente cierto para las pérdidas. Los operadores con una posición perdedora tienden a casarse con sus posiciones, lo cual los hace desatender el hecho de que todos los signos señalan pérdidas continuas.

No apueste su casa:

No opere en demasía. Uno de los errores más comunes que comenten los operadores es apalancar demasiado sus cuentas al operar sumas de dinero muy superiores a las que prudentemente deberían operar. El apalancamiento es una espada de doble filo.

Sólo porque un lote (100.000 unidades) de divisas requiera $1.000 como un margen mínimo de depósito, no significa que un operador con $5.000 en su cuenta pueda negociar 5 lotes. Un lote equivale a $100.000 y debe ser tratado como una inversión de $100.000 y no como los $1.000

puestos como margen. La mayoría de los operadores analizan los gráficos correctamente y colocan operaciones sensatas, sin embargo tienden a apalancarse en demasía. Como consecuencia de esto, se ven forzados frecuentemente a salir de una posición en el tiempo equivocado. Una buena regla general es operar con 1-10 de apalancamiento o nunca usar más del 10% de su cuenta en ningún momento. Operar divisas no es fácil (si lo fuese, ¡todos serían millonarios!)

Acepte los errores y aprenda de ellos.

10.2 Reglas de oro para triunfar en forex

1.- Se rápido:

Adáptate rápidamente a los cambios. Si el lado ganador está cambiando, no dudes en unirte a la fiesta y juntar todas tus fuerzas (capital, mental y emocional) hacia ese lado, hasta que la condición del mercado cambie. No te cases con ninguna posición.

2.- Sé disciplinado:

Crea tu propio plan y sé fiel al mismo. Invertir no consiste solamente en tomar una posición, consiste también en una razón valedera por la cual mantener esa posición, además de un nivel de límite de pérdida y un punto de toma de beneficios. Tu disciplina te salvará cuando el mercado se ponga difícil.

3.- Sigue la tendencia:

Compra arriba y vende más arriba, o vende abajo y compra más abajo. No trates de adivinar los suelos o los techos. Si conoces la tendencia, déjate llevar por ella.

4.- No coloques stop-loss muy ajustados:

Utiliza tu tiempo identificando los puntos de entrada. Sé paciente y dale espacio al mercado. Define tus límites de pérdidas con atención.

5.- Respeta tus límites de riesgo:

El primer límite de pérdida es el más barato. No caigas en la tentación de mantenerte en una posición en la que estés perdiendo demasiado. Es posible que, en algunas ocasiones, te resulte positivo, sin embargo hay una sola ocasión que, cuando no resulta, te puede costar muy cara. Respeta tu plan y sé disciplinado.

6.- Acepta las pérdidas, porque son parte del negocio:

Si has perdido mucho, tómate el tiempo para recuperarte y poder regresar fresco y más tranquilo.

7. - Sigue la tendencia más fuerte:

No te obsesiones si la tendencia no es suficientemente fuerte o clara o -peor aun- cuando está en un rango sin definición. Concentra tus fuerzas en tendencias definidas.

8.- Resiste la urgencia de operar en contra de la tendencia demasiado pronto.

La tendencia está, usualmente o fundamentalmente, en lo correcto. Sé paciente. Espera el cambio de tendencia y, cuando ésta coincida con el análisis técnico, entonces espera un poco más para entrar, hasta tener una clara confirmación.

9.- Nunca aumentes una posición perdedora:

Esta es la receta perfecta para perder. En todo caso, súbete al tren de una posición ganadora aprovechando un descanso del mercado.

10.- Liquida tus posiciones a tiempo:

Cuando la tendencia alcista está por terminar, todos los inversores se hallan comprando. Cuando la tendencia bajista está por concluir, todos están vendiendo.

Conclusión: cuando todos están en el mismo tren… presta atención y prepárate para bajarte de él.

11.-Mantén tus análisis técnicos muy simples:

Sigue soportes y resistencias, retrocesos Fibonacci y patrones de reversión. No por estudiar más, por recibir más señales y por hacer más cursos se logran necesariamente mejores resultados.

12.-Acepta las pérdidas, porque son parte del negocio:

Prepárate mental y emocionalmente para esta realidad. Si has perdido mucho, tómate el tiempo para recuperarte y poder regresar fresco y más tranquilo. No te enfrasques en una pelea con el mercado. El mercado es tu amigo. Síguelo.

13.-Sé intelectualmente honesto:

Reconoce cuando te equivocas y aprende de tus errores. El mercado no recompensa a los intelectuales arrogantes. Aunque mantengas tu punto de vista, no olvides que, al final, el mercado siempre tiene razón.

Tema 11 : Terminologia

Tema 11.1 : ISO 4217

El estándar internacional ISO 4217 fue creado por la ISO con el objetivo de definir códigos de tres letras para todas las monedas del mundo.

Esto elimina las confusiones causadas por algunos nombres de divisas como dólar, franco o libra, que son utilizados en numerosos países pero tienen tipos de cambio muy diferentes.

Las dos primeras letras del código son las dos letras del código del país de la moneda según el estándar ISO 3166-1 y la tercera es normalmente la inicial de la divisa en sí.

También existe un código de tres dígitos asignado a cada moneda, de la misma manera que existe un código de tres dígitos asignado a cada país como parte del estándar ISO 3166.

Esta norma define también las relaciones entre la unidad monetaria principal y sus subdivisiones.

El estándar ISO 4217 incluye también códigos para metales preciosos (oro, plata, paladio y platino) y otras definiciones utilizadas en el mundo financiero. También existen códigos especiales para pruebas (XTS), y para indicar transacciones no monetarias (XXX). Todos estos códigos comienzan con la letra "X". Los metales preciosos utilizan "X" y el símbolo químico del metal (por ejemplo la plata es XAG). ISO 3166 nunca asigna códigos de país comenzando con "X", por lo que ISO 4217 puede usar códigos que comiencen con esa letra sin arriesgarse a colisiones.

Códigos de moneda ISO 4217

Código	Moneda
AED	Dirham de los Emiratos Árabes Unidos
AFN	Afgani afgano
ALL	Lek albano
AMD	Dram armenio
ANG	Florín de las Antillas Holandesas
AOA	Kwanza angoleño

ARS	Peso argentino
AUD	Dólar australiano
AWG	Florín arubeño
AZM	Manat azerbaiyano
BAM	marco convertible de Bosnia-Herzegovina
BBD	Dólar de Barbados
BDT	Taka de Bangladesh
BGN	Lev búlgaro
BHD	Dinar bahreiní
BIF	Franco burundés
BMD	Dólar de Bermuda
BND	Dólar de Brunei
BOB	Boliviano
BOV	Mvdol boliviano (código de fondos)
BRL	Real brasileño
BSD	Dólar bahameño
BTN	Ngultrum de Bután
BWP	Pula de Botswana
BYR	Rublo bielorruso
BZD	Dólar de Belice
CAD	Dólar canadiense
CDF	Franco congoleño
CHF	Franco suizo
CLF	Unidades de fomento chilenas (código de fondos)
CLP	Peso chileno
CNY	Yuan Renminbi de China
COP	Peso colombiano
COU	Unidad de valor real colombiana (añadida al COP)
CRC	Colón costarricense

CSD	Dinar serbio (It was replaced by RSD on October 25, 2006)
CUP	Peso cubano
CVE	Escudo caboverdiano
CYP	Libra chipriota
CZK	Koruna checo
DJF	Franco yibutiano
DKK	Corona danesa
DOP	Peso dominicano
DZD	Dinar algerino
EEK	Corona estonia
EGP	Libra egipcia
ERN	Nakfa eritreo
ETB	Birr etíope
EUR	Euro
FJD	Dólar fijiano
FKP	Libra malvinense
GBP	Libra esterlina (libra de Gran Bretaña)
GEL	Lari georgiano
GHC	Cedi ghanés
GIP	Libra de Gibraltar
GMD	Dalasi gambiano
GNF	Franco guineano
GTQ	Quetzal guatemalteco
GYD	Dólar guyanés
HKD	Dólar de Hong Kong
HNL	Lempira hondureño
HRK	Kuna croata
HTG	Gourde haitiano
HUF	Forint húngaro

IDR	Rupiah indonesia
ILS	Nuevo shequel israelí
INR	Rupia india
IQD	Dinar iraquí
IRR	Rial iraní
ISK	Króna islandesa
JMD	Dólar jamaicano
JOD	Dinar jordano
JPY	Yen japonés
KES	Chelín keniata
KGS	Som kirguís (de Kirguistán)
KHR	Riel camboyano
KMF	Franco comoriano (de Comoras)
KPW	Won norcoreano
KRW	Won surcoreano
KWD	Dinar kuwaití
KYD	Dólar caimano (de Islas Caimán)
KZT	Tenge kazajo (de Kazajstán)
LAK	Kip lao
LBP	Libra libanesa
LKR	Rupia de Sri Lanka
LRD	Dólar liberiano
LSL	Loti lesothense (de Lesotho)
LTL	Litas lituano
LVL	Lat letón
LYD	Dinar libio
MAD	Dirham marroquí
MDL	Leu moldavo
MGA	Ariary malgache (de Madagascar)

MKD	Denar macedonio
MMK	Kyat myanmaro
MNT	Tughrik mongol
MOP	Pataca de Macao
MRO	Ouguiya mauritana
MTL	Lira maltesa
MUR	Rupia mauricia
MVR	Rufiyaa maldiva
MWK	Kwacha malawiano
MXN	Peso mexicano
MXV	Unidad de Inversión (UDI) mexicana (código de fondos)
MYR	Ringgit malayo
MZM	Metical mozambiqueño
NAD	Dólar namibio
NGN	Naira nigeriana
NIO	Córdoba nicaragüense
NOK	Corona noruega
NPR	Rupia nepalesa
NZD	Dólar neozelandés
OMR	Rial omaní (de Omán)
PAB	Balboa panameña
PEN	Nuevo sol peruano
PGK	Kina de Papúa Nueva Guinea
PHP	Peso filipino
PKR	Rupia pakistaní
PLN	zloty polaco
PYG	Guaraní paraguayo
QAR	Rial qatarí
RON	Leu rumano (desde el 1 de julio de 2005)

RUB	Rublo ruso
RWF	Franco ruandés
SAR	Riyal saudí
SBD	Dólar de las Islas Salomón
SCR	Rupia de Seychelles
SDD	Dinar sudanés
SEK	Corona sueca
SGD	Dólar de Singapur
SHP	Libra de Santa Helena
SKK	Corona eslovaca
SLL	Leone de Sierra Leona
SOS	Chelín somalí
SRD	Dólar surinamés (desde el 1 de enero de 2004)
STD	Dobra de Santo Tomé y Príncipe
SYP	Libra siria
SZL	Lilangeni suazi (de Suazilandia)
THB	Baht tailandés
TJS	Somoni tayik (de Tayikistán)
TMM	Manat turcomano
TND	Dinar tunecino
TOP	Pa'anga tongano
TRY	Nueva lira turca
TTD	Dólar de Trinidad y Tobago
TWD	Dólar taiwanés
TZS	Chelín tanzano
UAH	Hryvnia ucraniana
UGX	Chelín ugandés
USD	Dólar estadounidense
USN	Dólar estadounidense (Siguiente día) (código de fondos)

USS	United States dollar (Mismo día) (código de fondos)
UYU	Peso uruguayo
UZS	Som uzbeco
VEB	Bolívar venezolano
VEF	Bolívar fuerte venezolano
VND	Dong vietnamita
VUV	Vatu vanuatense
WST	Tala samoana
XAF	Franco CFA
XAG	Onza de plata
XAU	Onza de oro
XBA	European Composite Unit (EURCO) (Bonds market unit)
XBB	European Monetary Unit (E.M.U.-6) (Bonds market unit)
XBC	European Unit of Account 9 (E.U.A.-9) (Bonds market unit)
XBD	European Unit of Account 17 (E.U.A.-17) (Bonds market unit)
XCD	Dólar del Caribe Oriental
XDR	Special Drawing Rights (FMI)
XFO	Franco de oro (Special settlement currency)
XFU	Franco UIC (Special settlement currency)
XOF	Franco CFA
XPD	Onza de paladio
XPF	Franco CFP
XPT	Onza de platino
XTS	Reservado para pruebas
XXX	Sin divisa
YER	Rial yemení (de Yemen)
ZAR	Rand sudafricano
ZMK	Kwacha zambiano
ZWD	Dólar zimbabuense

11.2 Glosario de términos del mercado de divisas

Appreciation - (Apreciación) - Se dice que una divisa se "aprecia" cuando aumenta su valor en función de la demanda del mercado.

Arbitrage - (Arbitraje) - Operación consistente en comprar o vender un valor haciendo inmediatamente la operación inversa en otro mercado, con el fin de beneficiarse de la diferencia de cotización existente entre dos plazas.

Around - Término coloquial utilizado por operadores para indicar cuando la prima a plazo/descuento está cerca de la paridad. Por ejemplo, "two-two around" se entendería como 2 pips de diferencia entre el precio de compra y de venta actual del mercado.

Ask Rate - (Cotización para la venta) - El precio al cual se ofrece un instrumento para la venta (al igual que en la diferencia entre los precios de compra y venta)

Asset Allocation - (Asignación de activos) - Práctica de inversión que consiste en la distribución de activos en diferentes mercados, para obtener diversificación a los fines de la gestión de riesgo y/o obtener el rendimiento esperada en función de los objetivos del inversionista.

Back Office - Los departamentos y procesos relacionados con la liquidación de operaciones financieras.

Balance of Trade - (Balanza comercial) - Valor de las exportaciones de un país menos el valor de sus importaciones.

Base Currency - (Moneda Base) - En términos generales, la divisa en la cual el inversionista o emisor mantiene su libro de cuentas. En el mercado de Forex, normalmente se considera al dólar americano la moneda "base" para las cotizaciones; es decir, las cotizaciones se expresan como una unidad de $1 USD por la otra divisa cotizada en el par. Las principales excepciones a esta regla son la libra esterlina de Inglaterra, el euro y el dólar australiano.

Bear Market - (Mercado bajista) - Un mercado caracterizado por precios en baja.

Bid/Ask Spread - (Diferencia entre precio de compra y venta) - Diferencia entre los precios de compra y venta; la forma más utilizada para medir la liquidez del mercado.

Big Figure - Expresión utilizada por el agente bursátil (dealer) que hace referencia a los primeros dígitos del tipo de cambio. Estos dígitos no cambian con frecuencia en las fluctuaciones normales del mercado y, por ende, son eliminados de las cotizaciones de los agentes, especialmente durante períodos de gran actividad en el mercado. Por ejemplo, el tipo de cambio USD/Y podría ser 107.30/107.35, pero los agentes no mencionarán los primeros tres dígitos, es decir, ellos dirán "30/35".

Book - (Libro) - En un ámbito de compra venta profesional, el libro resume el total de posiciones de un operador o mesa de dinero.

Broker - (Corredor) - Una persona o empresa que actúa como intermediario entre compradores y vendedores y percibe un arancel o comisión. Por otro lado, un "dealer" (agente) compromete su capital y toma una posición, esperando obtener una diferencia (ganancia) al cerrar la posición en una transacción posterior con otra parte.

Bretton Woods Agreement of 1944 - (Acuerdo Bretton Woods de 1944) - Acuerdo que establecía tipos de cambio fijos para las principales divisas, estipulaba la intervención del banco central en los mercados de divisas, y fijaba el precio del oro en US$35 por onza. Este acuerdo estuvo en vigencia hasta 1971, cuando el presidente Nixon lo dejó sin efecto y estableció un tipo de cambio flotante para las principales monedas.

Bull Market - (Mercado alcista) - Un mercado caracterizado por precios en alta.

Bundesbank - Banco Central de Alemania.

Cable - (Cable) - Término coloquial utilizado por los operadores para referirse al tipo de cambio de la libra esterlina y del dólar. Se lo llama así porque el tipo de cambio era originariamente transmitido por cable transatlántico a partir de mediados del siglo 19.

Candlestick Chart - (Gráfico candelabro) - Gráfico que indica el rango de operación del día al igual que los precios de apertura y cierre. Si el precio de apertura es superior al precio de cierre, el rectángulo entre el precio de compra y de cierre aparece sombreado. Si el precio de cierre es superior al precio de apertura, tal área no aparece sombreada.

Central Bank - (Banco Central) - Institución gubernamental o cuasi gubernamental que maneja la política monetaria de un país. Por ejemplo, el banco central de los Estados Unidos es la Reserval Federal (Federal Reserve) y el banco central alemán es Bundesbank.

Chartist - Persona que estudia las tablas y los gráficos de los datos históricos para descubrir las tendencias y anticipar los cambios de tendencia. También se lo conoce como Operador Técnico (Technical Trader).

Clearing - (Compensación) - El proceso de liquidación de una operación.

Contagion - (Contagio)- La tendencia de una crisis económica a esparcirse de un mercado a otro. En 1997, la inestabilidad política de Indonesia generó gran volatilidad en su moneda, la rupia. Luego, el contagio afectó a otras monedas de países asiáticos emergentes, y después llegó a Latinoamérica, y ahora se lo conoce como "El Contagio Asiático".

Commission - (Comisión) - Cargos por operación cobrados por el corredor.

Confirmation - (Confirmación)- Un documento intercambiado por las partes de una transacción, que confirma los términos de dicha transacción.

Contract - (Unidad o lote)- La unidad de operaciones estándar.

Counterparty - (Contraparte) - Una de las partes intervinientes en una transacción financiera.

Country Risk - Riesgo asociado a una transacción entre países, incluyendo, sin estar limitado a, condiciones legales y políticas.

Cross Rate - (Tipo de cambio cruzado) - Tipo de cambio entre dos divisas consideradas no estándar en el país donde el par de divisas cotiza. Por ejemplo, en los EUA, la cotización GBP/JPY será considerada un tipo de cambio cruzado, mientras que en Reino Unido o Japón será uno de los pares de divisas principales negociados.

Currency - (Divisa) - Toda clase de dinero emitido por un gobierno o banco central y utilizado como medio de pago legal y base del comercio.

Currency Risk - (Riesgo cambiario) -El riesgo de incurrir en pérdidas que resulten de un cambio adverso en los tipos de cambio.

Day Trading - (Negociación intradía)- Hace referencia a posiciones abiertas y cerradas en el mismo día de operaciones.

Dealer - (Agente)- Una persona que actúa como mandante o parte en una transacción. Los mandantes toman una posición, esperando obtener una diferencia (ganancia) al cerrar la posición en una transacción posterior con otra parte. Un corredor, en cambio, actúa como intermediario entre compradores y vendedores y percibe un arancel o comisión.

Deficit - (Déficit) - Una saldo negativo en la balanza comercial o de pagos.

Delivery - Transacción en el mercado de divisas donde ambas partes entregan y reciben en efecto las divisas negociadas.

Depreciation - (Depreciación) - Caída en el valor de una divisa debido a las fuerzas del mercado.

Derivative - (Derivado) - Contrato cuyo valor depende de las variaciones de precios de otro activo relacionado o subyacente, futuro o instrumento físico. La Opción es el derivado más común.

Devaluation - El ajuste deliberado hacia abajo en el valor de una divisa, generalmente provocado por un anuncio oficial.

Economic Indicator - (Indicador Económico) - Un estadística emitida por el gobierno que indica el crecimiento y la estabilidad actual de la economía. Los más comunes indicadores económicos son tasas de desempleo, Producto Bruto Interno (PBI), inflación, ventas minoristas, etc.

European Monetary Union (EMU) - (Unión Monetaria Europea) El objetivo principal de la EMU es establecer una moneda europea única denominada Euro, la cual reemplazará de manera oficial a las monedas nacionales de los distintos países miembros de la Comunidad Europea en el año 2002. El 1 de enero de 1999, comenzó la etapa de transición e introducción del Euro. Esta divisa es ahora una moneda bancaria y las operaciones financieras en papel y del mercado de divisas son efectuadas en euros. Este período de transición durará tres años, durante el cual los billetes y monedas de euros entrarán en circulación. El 1 de julio de 2002, únicamente el euro será utilizado como medio de pago en los países participantes de la EMU; las monedas nacionales de los países miembros dejarán de existir. Los miembros actuales de la EMU son Alemania, Francia, Bélgica, Luxemburgo, Austria, Finlandia, Irlanda, Los Países Bajos, Italia, España y Portugal.

EURO - (Euro) - Moneda de la European Monetary Union (EMU) que sustituye al ECU (cesta de monedas europeas).

European Central Bank (ECB) - (Banco Central Europeo) - El Banco Central de la nueva European Monetary Union (EMU).

Federal Deposit Insurance Corporation (FDIC) - Entidad reguladora de los Estados Unidos que administra los seguros sobre depósitos bancarios.

Federal Reserve (Fed) - Banco Central de los Estados Unidos.

Flat/square - (Posición de equilibrio) - Expresión coloquial empleada por los dealers para describir una posición que ha sido completamente revertida. Por ejemplo, usted compra $500,000 y luego vende $500,000, creando asi una posición neutral (de equilibrio).

Foreign Exchange - (Forex, FX) - (Mercado de Divisas) - La compra simultánea de una divisa y la venta de otra.

Forward - (Contrato de Forward) - Tipo de cambio prefijado en un contrato para compra venta de divisas en una fecha futura acordada, en función del diferencial en las tasas de interés entre las dos divisas en cuestión.

Forward points - (Puntos forward) - Los pips agregados o quitados del tipo de cambio actual a fin de calcular el precio del forward.

Fundamental analysis - (Análisis fundamental) - Análisis de los datos económicos y políticos con el fin de determinar movimientos futuros en el mercado financiero.

Futures Contract - (Contrato de futuros) - Obligación de intercambiar un bien o título a un precio determinado en una fecha futura. La principal diferencia entre un Futuro y un Forward es que los Futuros generalmente se negocian en la bolsa (lo que se denomina ETC - Contrato negociable en la bolsa), mientras que los forwards son considerados contratos OTC (mercado extrabursátil). Un OTC es todo contrato NO negociado en una bolsa.

Good 'Til Cancelled Order (GTC) -(Orden válida hasta su cancelación o ejecución) - Orden de comprar o vender a un precio determinado. La orden permanece abierta hasta tanto el cliente concrete o cancele la operación.

Hedge - (Cobertura) - Una posición o combinación de posiciones que reduce el riesgo de la posición principal.

Inflation - (Inflación) - Situación económica en la cual hay aumento en los precios de los bienes de consumo, reduciendo el poder adquisitivo.

Initial margin - (Margen inicial) - El depósito inicial de garantía requerido para ingresar una posición, como garantía de cumplimiento futuro.

Interbank rates - (Tasas interbancarias) - Tipos de cambio extranjero que los grandes bancos internacionales cotizan a otros grandes bancos internacionales.

Leading Indicators -(Indicadores principales) - Estadísticas que se considera que predicen el futuro de la actividad económica.

LIBOR - The London Inter-Bank Offered Rate. - (Tasa interbancaria de Londres) - Los bancos utilizan la tasa LIBOR cuando toman fondos de otro banco.

Limit order - (Orden limitada) - Orden con restricciones con respecto el precio máximo a pagar o el precio mínimo a recibir. Por ejemplo, si el precio actual del USD/YEN es 102.00/05, entonces una orden limitada para comprar USD sería a un precio inferior a 102 (es decir, 101.5)

Liquidity - (Liquidez) - Habilidad de un mercado de aceptar grandes transacciones con mínima o ninguna repercusión sobre la estabilidad de precios.

Liquidation - (Liquidación) - El cierre de una operación abierta a través de la ejecución de una transacción de compensación.

Long position - (Posición larga) - Una posición que incrementa su valor si sube el precio de mercado.

Margin call - (Cobertura del margen de garantía) - Solicitud por parte de un corredor o agente de fondos adicionales u otro tipo de activo para garantizar el cumplimiento de una posición que ha registrado movimientos adversos al cliente.

Market Maker - (Creador de mercado) - Un agente que regularmente suministra cotizaciones de compra y venta y esta dispuesto a compra y vender a los precios estipulados.

Market Risk - (Riesgo de mercado) - Exposición a variaciones en los precios de mercado.

Mark-to-Market - (Mercado a mercado) - Proceso de revalorización de todas las posiciones abiertas con los precios actuales del mercado. Estos nuevos precios determinan entonces los requisitos de margen.

Maturity - (Vencimiento) - Fecha de liquidación o vencimiento de un instrumento financiero.

Momentum investor - (Inversionista oportunista) - Participante del mercado que aumenta su exposición en el mercado cuando éste está en alza y reduce su exposición o vende en corto cuando el mercado está en baja.

Offer - (Oferta) - Tasa a la que un dealer está dispuesto a vender una divisa.

Offsetting transaction - (Transacción de compensación) - Una transacción que sirve para cancelar o compensar alguna parte o la totalidad del riesgo de mercado de una posición abierta.

One Cancels the Other Order (OCO) - (Orden OCO) - Una orden sujeta a condición en la cual la ejecución de una parte de la orden automáticamente cancela la otra parte.

Open order - (Orden abierta) - Una orden para comprar o vender cuando el mercado se mueve a su precio designado.

Open position - (Posición Abierta) - Operación que no ha sido revertida por una operación o cancelada mediante la entrega.

Over the Counter (OTC) - (Mercado Extrabursátil) - Se utiliza para describir cualquier operación que no se lleva a cabo a través de una bolsa de valores.

Overnight - Operación que permanece abierta hasta el día hábil siguiente.

Pips - Digitos que se agregan o restan del cuarto dígito decimal, es decir 0.0001. También llamados Puntos.

Political Risk - (Riesgo político) - Exposición a cambios en política de gobierno que afectan de manera adversa los intereses del inversionista.

<u>Position</u> - (Posición) - La tenencia total obtenida de cierta divisa

<u>Premium</u> - (Prima) - En los mercados forex, describe el monto por el cual el precio del forward o futuro excede el precio actual del mercado.

<u>Price Transparency</u> - (Transparencia de precios) - Todos los participantes del mercado tienen igual acceso a la descripción de las cotizaciones.

<u>Quote</u> - (Cotización) - Precio de mercado indicativo, utilizado normalmente sólo con fines informativos.

<u>Rate</u> - (Tipo de cambio) - El precio de una moneda en términos de otra, generalmente utilizado con fines de negociación.

<u>Resistance</u> - (Nivel de resistencia) - Término utilizado en análisis técnico que indica un nivel de precio específico al cual, según el análisis, la gente va a vender.

<u>Revaluation</u> - (Revaluación) - Aumento en el tipo de cambio de una divisa como resultado de una intervención del banco central. Lo contrario a Devaluación.

<u>Risk</u> - (Riesgo) - Exposición a cierto cambio, generalmente utilizado con connotación negativa de cambio adverso.

<u>Risk Management</u> - (Gestión de riesgo) - Empleo de análisis financieros y técnicas de operación para reducir y/o controlar la exposición a varios tipos de riesgos.

<u>Roll-Over</u> - (Renegociación) - Proceso por el cual la liquidación de una operación se prorroga a otra fecha posterior. El costo de este proceso se basa en el diferencial en las tasas de interés de ambas divisas.

<u>Settlement</u> - (Liquidación) - Proceso por el cual una operación es registrada en los libros y registros de las partes de una transacción. La liquidación de operaciones de divisas puede o no implicar el intercambio real de una divisa por otra.

<u>Short Position</u> - (Posición Corta) - Posición de inversión que se beneficia de una caída en el precio del mercado.

<u>Spot Price</u> - (Precio de contado) - El precio actual del mercado. Las liquidaciones de las transacciones de contado con frecuencia se llevan a cabo dentro de los dos días hábiles.

<u>Spread</u> - (Margen) - Diferencia entre el precio de compra y de venta.

<u>Sterling</u> - (Libra esterlina) - Expresión coloquial con la que se denomina a las libras inglesas.

<u>Stop Loss Order</u> - (Orden de compra venta a cierto nivel de cotización) - Orden por la cual una posición abierta queda automáticamente liquidada al alcanzar la cotización un nivel determinado. Generalmente se la utiliza para minimi-

zar los riesgos a pérdidas en caso que el mercado registre movimientos adversos a los intereses del inversionista. Por ejemplo, si un inversionista tiene una posición larga de USD a 156.27, quizás quiera colocar una orden "stop loss" a 155.49, la cual limitaría las pérdidas en caso que el dólar se deprecie, posiblemente por debajo de 155.49.

Support Levels - (Piso) - Técnica utilizada en análisis técnicos que establece un precio máximo y mínimo específico al cual el tipo de cambio automáticamente se corregirá. Es lo contrario de Nivel de Resistencia.

Swap - (Intercambio) - Un intercambio de divisas es la venta y compra simultánea de la misma cantidad de una divisa en particular a un tipo de cambio forward.

Swissy - Palabra coloquial para designar al Franco Suizo.

Technical Analysis - (Análisis Técnico) - La estrategia de pronosticar precios mediante el análisis de indicadores económicos, tales como tendencias y promedios de precios en el pasado, volúmenes, interés abierto, etc.

Tomorrow Next (Tom/Next) - (Mañana al día siguiente) - Venta y compra simultánea de una divisa para entrega el próximo día.

Transaction Cost - (Costo de transacción) - El costo de comprar o vender un instrumento financiero.

Transaction Date - (Fecha de transacción) - Fecha en que ocurre la operación.

Turnover - (Volumen de negocios) - El total de dinero de todas las operaciones realizadas durante un período de tiempo específico; volumen.

Two-Way Price - (Precio de compra y de venta) - Cuando se cotiza el precio de compra y venta para una transacción forex.

Uptick - Una nueva cotización de precio que es superior a la cotización anterior para la misma divisa.

Uptick Rule - En los Estados Unidos, norma que establece que no se puede vender corto salvo que la última operación anterior a la venta en descubierto fuera a una cotización inferior al precio al cual se realiza la venta en descubierto.

US Prime Rate - (Tasa de interés preferencial de los Estados Unidos) - La tasa a la que los bancos de los Estados Unidos concederán préstamos a sus clientes corporativos preferenciales.

Value Date - (Fecha de liquidación) - Fecha en que las partes de una operación financiera acuerdan liquidar sus respectivas obligaciones, es decir realizar los pagos correspondientes. En el caso de operaciones de contado de divisas, la fecha de liquidación es con frecuencia dentro de los dos días hábiles siguientes. También conocido como fecha de vencimiento.

Variation Margin - (Margen de variación) - Fondos que el corredor debe solicitar a sus clientes a fin de depositar el margen correspondiente. El término generalmente hace referencia a fondos adicionales que deben ser depositados a raíz de movimientos de precios adversos.

Volatility (Vol) - (Volatilidad) - Medida estadística del movimiento de precios de un mercado a lo largo del tiempo.

Whipsaw - Palabra coloquial utilizada para referirse a un mercado altamente volátil, donde un movimiento brusco de precio es inmediatamente seguido por un movimiento brusco en el sentido inverso.

Yard - Palabra coloquial para referirse a mil millones.

11.3 Indicadores Macro-Económicos americanos

Para estudiar las condiciones que afectan el mercado en el analisis fundamental debemos conocer cuales son los indicadores mas importantes los cuales se publican periodicamente y que afectan en mayor o menor medida a las cotizaciones de diversas divisas.

Los indicadores mas seguidos y conocidos son los del dolar americano por la importancia de esta divisa en los cruces con otras pero no debemos olvidar la informacion del otro cruce con el que operemos en cada situacion.

Consumer Price Index (CPI). / Índice de Precios al Consumidor.

Definición: Índice que refleja el cambio de precio, de una representativa canasta básica de bienes y servicios tales como, alimentos, vestimenta, energía, vivienda, transporte, atención medica, entretenimiento y educación. También conocido como Índice del costo de vida.

Importancia: Es fundamental el monitoreo del CPI que excluye los alimentos y energia llamado "core CPI" para ver la estabilidad mensual y una mejor imagen de la tendencia de inflación. Se esperan mayores presiones inflacionarias cuando el índice se incrementa.

Fuente: Oficina de Estadísticas Laborales, Ministerio de Trabajo U.S.A.

Disponibilidad: El dato se anuncia alrededor del 13 de cada mes a las 8:30 AM ET. Dato del mes anterior.

Frecuencia: Mensual.

Employment Cost Index (ECI). / Índice de Precios de Empleo.

Definición: Este Índice esta diseñado para medir el cambio en el costo de la mano de obra, incluye salarios & beneficios.

Importancia: Es importante para medir el riesgo de la inflación en los salarios. Si la inflación salarial existe, es probable un incremento de la tasa de interés lo cual sugiere una apreciación de la moneda local.

Fuente: Oficina de Estadísticas Laborales, Ministerio de Trabajo U.S.A.

Disponibilidad: El dato se anuncia el ultimo día hábil de los meses de Enero, Abril, Julio, & Octubre a las 8:30 AM ET. Dato del trimestre anterior.

Frecuencia: Trimestral.

Employment Situation Non Farm Payrolls. / Situación de Empleos.

Definición: Este reporte constituye de la cantidad de empleos creadores del sector no agrícola, manufactura, negocios, y agencias del gobierno. La Tasa de empleo, salario por hora y semana están incluidos en el reporte. Es el Índice mas vigilado del mercado por su exactitud e importancia como indicador económico por lo tanto tiene un fuerte impacto sobre la psicología de los mercado financieros durante el mes.

Importancia: El Non-Farm Payrolls es un indicador de crecimiento económico, entre mayor sea el crecimiento del empleo, mayor será el crecimiento económico. Un incremento del empleo esta asociado con una economía en expansión en conjunto con una política monetaria restrictiva o incrementos de la tasa de interés. La economía de los Estados Unidos se considera empleada entre las tasas del 5.5 y 6.0%.

Incrementos en las tasas inflacionarias salariales pueden sugerir desempleo.

Fuente: Oficina de Estadísticas Laborales, Ministerio de Trabajo U.S.A.

Disponibilidad: El dato se anuncia el primer viernes de cada mes a las 8:30 AM ET. Dato del mes anterior.

Frecuencia: Mensual.

Existing Home Sales. / Ventas de Casa de Mercado Secundario.

Definición: Este reporte mide la tasa de ventas de hogares y viviendas de segunda mano. Es un indicador sustancial del mercado inmobiliario.

Importancia: Provee no solo una visión de la demanda del mercado de bienes raíces, sino una idea del momentum económico, ya que el consumidor debe estar un segura de su posición financiera par incurrir a la compra de una casa.

Fuente: Asociación Nacional de Corredores de Bienes Raíces.

Disponibilidad: El dato se anuncia el día 25 de cada mes o al siguiente día hábil a las 10:00 AM ET. Dato del mes anterior.

Frecuencia: Mensual.

New Home Sales. / Ventas de Casa Nuevas

Definición: Este reporte se basa en entrevistas con alrededor de 10.000 constructores o dueños de 15.000 proyectos de construcción selectos. Pondera el número de casas de habitación nuevas en el mercado, con intención de compra durante el mes.

Importancia: Se considera un indicador importante para el consumo a corto plazo de artículos para el hogar, además de indicar momentum económico. Los inversionistas prefieren este dato ya que el New Home Sales representa el 84% de todas las casas de habitación vendidas.

Fuente: Oficina de Censos Departamento de Comercio U.S.A.

Disponibilidad: El dato se anuncia el último día hábil del mes a las 10:00 AM ET. Dato del mes anterior.

Frecuencia: Mensual.

Producer Price Index. / Índice de Precios al Productor.

Definición: el índice de precios al productor mide el precio promedio de la canasta de bienes de capital y de consumo a nivel de ventas mayoristas. Existen tres estructuras de publicación para este índice que se basan en: industria, materias primas y fase de producción

Importancia: es importante monitorear el índice de precios al productor excluyendo los precios de la comida y de energía para su estabilidad mensual. Con esto me refiero al índice de precios al productor medular, el cual ofrece un panorama mas clara de la tendencia inflacionaria subyacente.

Los cambios al índice de precios al productor medular se consideran precursores de la inflación a los precios del consumidor

Fuente: Bureau of Labor statistics, US. Department of Labor

Disponibilidad: Aproximadamente los días 11 de cada mes a las 8:30 ET. Datos del mes anterior.

Frecuencia: Mensual.

ISM Manufacturing Index / ISM Índice de Manufactura.

Definición: el índice se basa en estudios realizados con 300 gerentes de compras por toda la nación representando 20 industrias relacionadas con actividades manufactureras. Este índice cubre indicadores tales como nuevas órdenes de bienes, producción, empleos, inventarios, horarios de entrega, precios y órdenes de exportación e importación

Importancia: este índice se considera el rey de todos los índices de manufactura. Las lecturas por arriba del 50% comúnmente se asocian con un sector manufacturero expansivo y con una economía saludable, mientras que lecturas por debajo de 50 se perciben como estrechez.

Sus numerosos subcomponentes contienen información útil acerca de las actividades manufactureras. El componente de producción esta relacionado a la producción industrial, a nuevas ordenes para bienes no perecederos, empleo para nominas de fabricas, precios para precios al productor, ordenes de exportación para exportación de mercaderías, órdenes de importación para importación de mercaderías.

Este índice se ajusta estacionalmente debido a lo efectos de las variaciones que se dan durante el año, diferencias que son resultado de días festivos o cambios institucionales.

Fuente: Institute for Supply Managers N.A.P.M: National Association of Purchasing Managers. Asociación Nacional de Gerentes Compradores

Disponibilidad: El dato se anuncia el primer día hábil del mes a las 10:00 AM ET. Datos del mes anterior.

Frecuencia: Mensual.

ISM Services Index / ISM Índice del Sector Servicios.

Definición: Este índice también llamado el ISM no manufacturero se basa en un estudio de aproximadamente 370 gerentes de compra en industrias incluyendo financieras, de seguros, de bienes raíces, de comunicaciones y de servicios públicos. Este índice brinda datos concernientes a las negociaciones o actividades en el sector de servicios.

Importancia: las lecturas por arriba del 50% indican expansión de los componentes no manufactureros de la economía mientras que las lecturas por debajo de los 50 indican estrechez.

Este índice se ajusta estacionalmente debido a los efectos de las variaciones que se dan durante el año, diferencias que son resultado de días festivos y cambios institucionales.

Es un índice nuevo, creado en 1997, los inversionistas no lo siguen tan de cerca como al ISM Índice de Manufactura el cual existe desde 1940.

Fuente: Institute for Supply Managers formerly N.A.P.M: National Association of Purchasing Managers. Asociación Nacional de Gerentes Compradores

Disponibilidad: En el tercer día hábil de cada mes a las 10:00 a.m. ET. Datos del mes anterior.

Frecuencia: Mensual.

Personal Income and Consumption / Ingresos y Consumo Personal

Definición: el ingreso personal representa el ingreso que las familias reciben de todas las fuentes incluyendo, empleo, negocios propios, inversiones, y transferencias de pagos.

El Consumo personal corresponde a los gastos del consumidor que se dividen en bienes no perecederos, bienes perecederos y servicios.

Importancia: el ingreso es el mayor determinante del gasto (los norteamericanos gastan aproximadamente 95 centavo por cada dólar nuevo) y los gastos del consumidor corresponden a dos tercios de la economía. El mayor gasto estimula las ganancias de las corporaciones y los beneficios del mercado bursátil

Fuente: Bureau of Economic Analysis of the Department of Commerce.

Disponibilidad: El dato se anuncia el primer día hábil del mes a las 8:30 a.m. ET. Datos del mes anterior.

Frecuencia: Mensual.

GDP Gross Domestic Product / Producto Interno Bruto

Definición: el producto interno bruto mide el valor en dólares de todos los bienes y servicios dentro de las fronteras de los Estados Unidos, sin importar quién es dueño de los activos o la nacionalidad de la mano de obra utilizada para producir de los bienes o servicios.

Los datos están disponibles en términos nominales y en dólares reales. Inversionistas siempre monitorean las tasas de crecimiento real ya que las mismas se ajustan por inflación.

Importancia: esta es la medida más extensa o global del desempeño de la economía norteamericana. Un buen crecimiento del producto interno bruto esta entre el 2.0% y el 2.5% (cuando la tasa de desempleo esta entre el 5.5% y el 6.0%). Todo eso se traduce en grandes ganancias para las corporaciones, lo cual es buena señal para el mercado bursátil.

Un producto interno bruto elevado conlleva a la inflación acelerada mientras que un producto interno bruto bajo es sinónimo de una economía débil

Fuente: Bureau of Economic analysis, U.S. Department of Commerce

Disponibilidad: la tercera o cuarta semana del mes a la s8:30 a.m. Et para el trimestre anterior, con revisiones subsecuentes publicadas en le segundo y tercer mes del trimestre.

Frecuencia: Mensual.

Internacional Trade & Trade Balance / Balanza Comercial.

Definición: este reporte mide la diferencia entre importaciones y exportaciones de bienes y servicios en Estado unidos.

Importancia: importaciones y exportaciones son componentes importantes de las actividades economistas acumuladas además representan un 14 y 12 por ciento del producto interno bruto, respectivamente. Normalmente las fuertes exportaciones son positivas para las ganancias de las corporaciones y por el mercado bursátil.

Cambios en la balanza comercial con algunos países en particular pueden tener implicaciones en la política cambiaria con respecto a esos mismos países por lo cual este reporte es importante para los inversionistas que están interesados en diversificar globalmente.

Fuente: The Census Bureau and the Bureau of Economic Analysis of the Department of Commerce.

Disponibilidad: aproximadamente el 19 del mes a las 8:30 a.m. ET. Datos de los dos meses anteriores.

Frecuencia: Mensual.

Retail Sales / Ventas al detalle.

Definición: Este índice mide el total de ventas de bienes de todos los comercios minoristas en los Estados Unidos (las ventas de servicios no están incluidas). Estas cifras se reportan en dólares, no estas ajustadas por inflación. Sin embargo, la información se ajusta estacionalmente, las diferencias entre los días festivos y los días de negociación de los meses del año

Importancia: se considera como el indicador más oportuno de los patrones de consumo interno. Provee información acerca de las tendencias que se dan entre los diferentes minoristas. Estas tendencias pueden ser útiles para reconocer oportunidades específicas para invertir.

Es importante monitorear las ventas al detalle excluyendo los autos y los camiones para evitar volatilidad extrema.

Fuente: The Census Bureau of the Department of Commerce

Disponibilidad: aproximadamente el día 12 de mes a las 8:30 a.m. ET. Datos de mes anterior.

Frecuencia: Mensual.

Initial Jobless Claims / Reclamos por Seguros de Desempleo.

Definición: este índice gubernamental que mide la cantidad de personas que llenan por primera vez los reclamos por seguros de desempleo.

Importancia: los inversionistas utilizan el promedio móvil a cuatro semanas de este indicador para predecir tendencias en el mercado laboral.

Fuente: The Employment and Training Administration of the Department of Labor.

Disponibilidad: Los jueves a las 8:30 a.m. ET. Datos de la semana finalizada antes del sábado.

Frecuencia: Semanal

Durable Goods Orders / Ordenes de Bienes No Perecederos.

Definición: este es un índice gubernamental que mide el volumen en dólares, de órdenes, envíos y órdenes pendientes de bienes no perecederos. Los bienes no perecederos son artículos nuevos o usados con una expectativa de durabilidad de tres años o más. Análisis usualmente excluye los órdenes de defensa y transporte debido a su volatilidad.

Importancia: Este reporte brinda información acerca de la fuerza de la demanda de bienes no perecederos manufacturados de origen norteamericano, tanto de fuentes extranjeras como locales. Cuando el índice aumenta significa que la demanda se fortalece lo cual muy probablemente de cómo resultado el incremento de la producción y el empleo. Por otro lado cuando el índice baja, lo contrario sucede.

Este es uno de los indicadores más recientes tanto de la demanda de equipo por parte de los consumidores como de los productores o negociantes. El incremento en los gastos en bienes de inversión reduce la posibilidad de inflación.

Fuente: The Census Bureau of the Department of Commerce

Disponibilidad: aproximadamente el día 26 del mes a las 8:30 a.m. ET. Datos del mes anterior

Frecuencia: Mensual.

LIBROS RECOMENDAMOS

- Todo Sobre La Bolsa: Acerca de los Toros y los Osos, Jose Meli

- Piense y Hágase Rico, Napoleon Hill

- El Sistema Para Alcanzar El Exito Que Nunca Falla, W. Clement Stone

- La Ciencia de Hacerse Rico, Wallace D. Wattles

- El Hombre Mas Rico de Babilonia, George S. Clason

- El Secreto Mas Raro, Earl Nightingale

- El Arte de la Guerra, Sun Tzu

- Cómo Gané $2,000,000 en la Bolsa, Nicolas Darvas

- Como un Hombre Piensa Asi es Su Vida, James Allen

- El Poder De La Mente Subconsciente, Dr. Joseph Murphy

- La Llave Maestra, Charles F. Haanel

- Analisis Tecnico de la Tendencia de los Valores, Robert D. Edwards - John Magee

Disponible en www.bnpublishing.net

www.ingramcontent.com/pod-product-compliance
Lightning Source LLC
Chambersburg PA
CBHW080550220326
41599CB00032B/6430